AF629865

KEDA BLACK

SUNDAY **MEAL PREP** *vegetarisch*

KEDA BLACK

SUNDAY **MEAL PREP**

vegetarisch

Sonntags maximal 2 Stunden vorkochen – und das Abendessen steht von Montag bis Freitag blitzschnell auf dem Tisch

riva

INHALT

Was versteht man unter Meal Prep?

»Meal Prep« oder auch »Batch Cooking« beschreibt das Vorkochen größerer Mengen für mehrere Tage.
Konkret bedeutet dies, dass man sich sonntags etwa zwei Stunden lang in die Küche stellt, nachdem man beispielsweise samstags auf dem Markt eingekauft hat. Bei der Verarbeitung der Einkäufe wird ein Großteil der anfallenden Arbeit erledigt, sodass man unter der Woche dann nur etwa zehn Minuten benötigt, um das Abendessen vorzubereiten.

3 *gute Gründe, auf Meal Prep umzustellen*

WENIGER STRESS

Es kann wunderbar sein, jeden Tag ein paar kleine Einkäufe zu tätigen oder sich vom Inhalt des Kühlschranks inspirieren zu lassen. Doch unter der Woche lässt sich dies nicht immer gut mit der zur Verfügung stehenden Zeit vereinbaren.
Mit Meal Prep ist alles vorausgeplant, da gibt es keine Ausflüchte.

GESÜNDERES UND HAUSGEMACHTES ESSEN

Durch die gute Planung können Sie jeden Tag ein hausgemachtes Essen auf den Tisch bringen, auch wenn es nur ganz einfach ist. So vermeiden Sie es, viel zu häufig auf Fertiggerichte oder Tiefkühlkost zurückzugreifen oder beim Lieferservice zu bestellen.

WENIGER VERSCHWENDUNG

Alles, was Sie einkaufen, wird auch verwendet. Frische Produkte werden schnell verarbeitet, insbesondere Gemüse, das somit weniger Platz im Kühlschrank einnimmt und nicht im Gemüsefach verdirbt.

SO NUTZEN SIE DIESES BUCH

1. Speiseplan der Woche

Liste der Wochengerichte

Praktischer Tipp

Sonntags in der Küche verbrachte Zeit

Die beste Jahreszeit für diesen Speiseplan

Gefäße für die Aufbewahrung

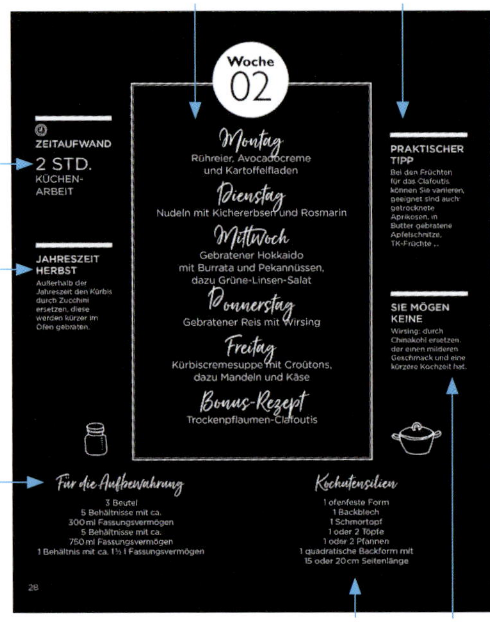

Die Kochutensilien

Tipp für den Austausch einer Zutat

2. Die Bilanz der sonntäglichen Kochaktion

Auf dem Foto sehen Sie alles, was Sie an diesem Sonntag vorbereitet haben.

3. Die komplette Einkaufsliste

Angabe der Woche

Alle benötigten Zutaten, geordnet nach Kategorien

Ein Foto jeder Zutat

Grundzutaten aus dem Vorratsschrank

4. Arbeitsschritte am Sonntag

Anschauliche Abbildungen illustrieren die einzelnen Schritte

Zwischendurch erfahren Sie jeweils, wie Sie das Zubereitete am besten aufbewahren.

Die für jeden Arbeitsschritt benötigte Zeit

Die Arbeitsschritte in der Küche sind der Reihe nach aufgeführt und nummeriert, das erleichtert Ihnen das Vorgehen.

ANWEISUNGEN

→ MIT FRISCHHALTEFOLIE ABDECKEN ODER DARIN EINWICKELN

→ DOSE: In eine Dose packen

→ BEUTEL: In einen Beutel füllen

→ KÜHLSCHRANK: Im Kühlschrank lagern

→ GEFRIERTRUHE: In die Gefriertruhe legen

→ VORRATSSCHRANK: Bei Zimmertemperatur im Vorratsschrank aufbewahren

5. Für jeden Abend unter der Woche

Ein Foto des fertigen Gerichts

Der Titel des Rezepts

Angabe der Zubereitungszeit und der Zeit, die Sie aktiv aufwenden müssen

Was Sie noch tun müssen

PRAKTISCHE HINWEISE

DIE BEHÄLTNISSE

Dosen und Gläser

Wenn möglich, sollten Sie Glasbehältnissen den Vorzug vor Kunststoff geben, denn Glas hält ein Leben lang, und Kunststoff kann Schadstoffe enthalten, die möglicherweise in die Lebensmittel übergehen, insbesondere, wenn diese fett oder warm sind. Bevorzugen Sie Kunststoff der Klassen 2, 4 und 5, da diese normalerweise keine Giftstoffe aufweisen. Zum Einfrieren eignet sich wiederum Kunststoff besser, denn durch das Einfrieren vergrößert sich das Volumen von flüssigen Inhalten, sodass ein Glasgefäß zerspringen kann.

Kleine und große Schüsseln sowie Platten

Sie können auch alle möglichen Schüsseln und Platten nutzen und diese mit einem Teller oder einem Bienenwachstuch (Tutorials für deren Herstellung sind auf YouTube zu finden) abdecken, anstatt große Mengen Frischhalte- oder Alufolie zu verwenden.
Dies ist die einfachste und preiswerteste Lösung, aber nicht unbedingt praktisch, weil diese Behältnisse im Kühlschrank viel Platz wegnehmen.

Gefrierbeutel

Wiederverwendbare Gefrierbeutel sind für Kräuter und Salate ideal, diese bleiben darin wunderbar frisch. Achten Sie dabei auf »saubere«, also möglichst fettfreie Inhalte, um die Beutel problemlos wiederverwenden zu können. Für alle anderen Zubereitungen wählen Sie am besten Behältnisse, die sich gut spülen lassen.

Wie viele Behältnisse brauchen Sie?

Für jeden Speiseplan in diesem Buch benötigen Sie im Schnitt:
- vier bis fünf Behältnisse mit 300 ml Fassungsvermögen,
- vier bis fünf Behältnisse mit 750 ml Fassungsvermögen,
- vier bis fünf Behältnisse mit 1 ½ l Fassungsvermögen,
- einige kleine Schüsseln oder Dosen.

Sie können Marmeladengläser oder andere Behältnisse wiederverwenden. Vorsicht bei Kunststoffgefäßen, die nicht unbedingt spülmaschinengeeignet oder für Fetthaltiges vorgesehen sind.

MENGEN UND ZEITAUFWAND

Mengen

Die Speisepläne in diesem Buch sind für vier Personen gedacht. Natürlich sind nicht alle Menschen gleich gute Esser, und auch die Zusammensetzung der einzelnen Familien kann ganz unterschiedlich sein. Haben Sie daher keine Scheu, die Mengen anzupassen, zu reduzieren oder zu vervielfachen und die Mahlzeiten mit Brot und Käse sowie Obst und Milchprodukten als Dessert zu ergänzen.

Zeitaufwand

Für jeden Speiseplan und jeden Arbeitsschritt wird der ungefähre Zeitaufwand angegeben. Die tatsächlich benötigte Zeit kann jedoch durchaus variieren, denn die einen arbeiten langsam, die anderen schnell, manche verräumen und spülen sofort alles, einige sind Anfänger, andere schon geübt …
In jedem Fall werden Sie merken, dass Sie in ein oder zwei Stunden eine ganze Menge schaffen und im Lauf der Zeit an Effizienz gewinnen.

Und wenn Reste bleiben?

Reste können Sie einfrieren (Achtung: Frieren Sie nichts wieder ein, was schon einmal eingefroren war), für eine Suppe verwenden, zur Arbeit mitnehmen, am nächsten Tag in anderer Form wieder auf den Tisch bringen. Im Grunde müssen Sie kaum etwas wegwerfen!

WIE LANGE KÖNNEN SIE DIE VORBEREITETEN LEBENSMITTEL AUFBEWAHREN?

Für die Aufbewahrungsdauer gibt es keine festen Regeln: Vertrauen Sie dabei vor allem auf Ihr Urteilsvermögen, riechen Sie an den Lebensmitteln und probieren Sie. Vorsicht ist natürlich bei empfindlichen Produkten geboten: Heben Sie Zubereitungen mit rohem Ei nicht länger als zwei Tage auf. Gemüse verdirbt weniger schnell, der Geschmack kann allerdings nachlassen.

Was kann im Kühlschrank aufbewahrt werden?

- Lange gekochte Speisen und Füllungen halten sich ein paar Tage im Kühlschrank. Sie werden mit der Zeit eher noch besser.
- Saucen und Würzmittel lassen sich wegen ihres Fettgehalts sehr gut aufheben: Pesto und Relish immer mit einer Schicht Öl abdecken.
- Kalter Reis wird im Kühlschrank trocken, ideal, um gebratenen Reis daraus zu machen.
- Wurzelgemüse (Kartoffeln, Karotten) hält sich geschält problemlos zwei oder drei Tage, sollte aber in kaltem Wasser liegen, damit es nicht schwarz wird.
- In Butter oder Öl angeschwitzte Zwiebeln können Sie sehr gut einige Tage aufbewahren, in der Gefriertruhe auch länger.
- Salate und frische Kräuter bleiben gewaschen und trocken geschüttelt in einer Dose, einer Schüssel oder einem Beutel frisch. Bei Salaten die Blätter vorsichtig abtrennen, ohne sie anzureißen: Beschädigte Blätter werden dunkel und verderben. Salate und Kräuter mögen etwas Feuchtigkeit, aber nicht zu viel Nässe.
- Saure, süße oder salzige Dressings »garen« die mit ihnen vermischten Lebensmittel. Daher gesondert aufheben und erst zum Schluss untermischen.

Braucht es eine Gefriertruhe?

Eine Gefriertruhe ist eine nützliche Verbündete, denn bestimmte Nährstoffe und auch der Geschmack gehen beim Einfrieren nicht verloren.
Suppen lassen sich gut einfrieren, und die Vitamine bleiben so besser erhalten. Sie sollten Suppen eher einfrieren, als sie zwei oder drei Tage im Kühlschrank stehen zu lassen. Achtung: Durch das Einfrieren wird die Textur mancher Produkte verändert. Dies gilt vor allem für zahlreiche rohe Gemüsesorten, denn das in ihnen enthaltene Wasser zerstört beim Einfrieren die Struktur.

Richtig auftauen

Es ist immer besser, ein Produkt langsam aufzutauen, es also am Vortag für den nächsten Abend in den Kühlschrank zu stellen, anstatt es im Backofen, auf dem Herd oder in der Mikrowelle zu erhitzen.

NÜTZLICHE INDUSTRIELL HERGESTELLTE PRODUKTE

In diesem Buch konzentrieren wir uns auf eher einfache Gerichte. Durch das Vorbereiten der Zutaten ist die Arbeit in der Küche überschaubar und Sie können ein Maximum an frischen Zutaten verwenden. Dies ermöglicht Ihnen gesündere Mahlzeiten, bei denen Zusatzstoffe und Zuckerzusätze möglichst vermieden werden.
Einige Fertigprodukte sind jedoch sehr praktisch und sparen viel Zeit. Wir haben uns dafür entschieden, keine Fleischersatzprodukte zu berücksichtigen. Sie können diese natürlich dennoch nutzen, uns erschien es jedoch besser, hausgemachte Alternativen zu präsentieren (Frikadellen aus Hülsenfrüchten, Getreide-»Hamburger« ...). Nachfolgend einige kleine Tipps und Hinweise, wie Sie industriell hergestellte Produkte vermeiden können.

Hülsenfrüchte

Sie können entweder vorgegarte, gebrauchsfertige Hülsenfrüchte aus Konservendosen oder Gläsern oder getrocknete Produkte wählen (multiplizieren Sie das Trockengewicht mit 2 bis 2,5, um das Gewicht der gekochten Hülsenfrüchte zu errechnen). Getrocknete Hülsenfrüchte müssen Sie am Tag vor der Zubereitung in einer Schüssel mit reichlich Wasser einweichen. Am Tag der Zubereitung dann abseihen, abspülen und anschließend in einem Topf mit ausreichend Wasser und entsprechenden Gewürzen mindestens eine Stunde lang kochen. Ein Sonderfall sind Linsen, sie werden ohne vorheriges Einweichen zubereitet. Es empfiehlt sich für eine noch bessere Eiweißzufuhr, Hülsenfrüchte mit Vollkornprodukten zu kombinieren. Das finden Sie bei einigen Rezepten in diesem Buch.

Teig für Tarte oder Pizza

Mürbeteig oder Hefeteig können Sie problemlos selbst zubereiten, dann schmeckt er am besten. Wenn Sie gleich eine größere Menge herstellen, können Sie nicht sofort benötigten Teig auf Backpapier ausrollen, eine Rolle daraus formen und das Ganze anschließend gut verpackt einfrieren. Muss es allerdings schnell gehen, können Sie fertigen Hefe-, Mürbe- oder Blätterteig im Supermarkt kaufen und mit frischen Zutaten belegen.

Sie sind ein Fan von Tiefkühlware?

Das ist mit Meal Prep durchaus vereinbar. Wenn Sie es beispielsweise hassen, Zwiebeln zu schälen und zu schneiden, weil Sie dabei immer weinen müssen, kaufen Sie eben im Supermarkt TK-Zwiebeln ein.

SAISONPRODUKTE

Herbst

Gemüse

Brokkoli (Ende der Saison)
Fenchel (Ende der Saison)
Karotten
Kartoffeln
Knoblauch
Kohl (sämtliche Kohlsorten)
Kürbis (sämtliche Kürbissorten)
Lauch
Mais
Mangold (eher ein Frühlingsgemüse, aber man bekommt ihn gelegentlich auch im Herbst)
Pastinaken
Rote Bete
Spinat (Ende der Saison)
Staudensellerie und Knollensellerie
Tomaten (einige Sorten bis Oktober)
weiße Rüben
Wintersalate (z.B. Chicorée, Frisée, Feldsalat, Endivie)
Zwiebeln

Obst

Äpfel
Birnen
Blaubeeren
Clementinen (Dezember)
Esskastanien
Feigen (Oktober)
Haselnüsse
Himbeeren (Oktober)
Kiwi
Mandarinen
Orangen (Dezember)
Quitten
Trauben
Walnüsse
Zitronen

Winter

Gemüse

Karotten
Kartoffeln
Knoblauch
Kohl (sämtliche Kohlsorten)
Kürbis (sämtliche Kürbissorten)
Lauch
Mais
Mangold (eher ein Frühlingsgemüse, aber man bekommt ihn gelegentlich auch im Winter)
Pastinaken und anderes Wurzelgemüse
Rote Bete
Staudensellerie und Knollensellerie
weiße Rüben
Wintersalate (z.B. Chicorée, Frisée, Feldsalat, Endivie)
Zwiebeln

Erbsen und grüne Bohnen können Sie als TK-Produkte verwenden, außerdem hochwertige Tomatenkonserven für Saucen.

Obst

Äpfel
Birnen
Clementinen
Grapefruit
Kiwi
Mandarinen
Orangen
Zitronen

KAUFEN SIE SAISONPRODUKTE!

Achten Sie in jeder Jahreszeit darauf, dass die verwendeten Zutaten auf kurzen Handelswegen zu Ihnen gelangen. Statt in Supermärkten empfiehlt es sich daher, auf Bauernmärkten oder in Geschäften einzukaufen, die regionale Produkte anbieten. Gemüse, das gerade Saison hat, ist sehr viel schmackhafter. Zum Ende des Winters hin ist die Auswahl dann allerdings nicht mehr groß. Behelfen Sie sich in diesem Fall ruhig mit Konserven oder TK-Produkten: Tomaten aus der Dose, tiefgekühlten Erbsen, Bohnen oder Himbeeren – wählen Sie dann jedoch unbedingt hochwertige Produkte.

Frühling

Gemüse

Artischocken
Blumenkohl
Brokkoli
Erbsen (und Dicke Bohnen)
Fenchel
Frühkartoffeln
Frühlingssalate (z.B. Kopfsalat)
Grüne Bohnen, Stangenbohnen, Schälbohnen
Gurken
junge Karotten
junger Lauch
junge Rote Bete
junge weiße Rüben
junge Zwiebeln
Kartoffeln
Mangold
neuer Knoblauch
Radieschen
Spargel
Spinat
Staudensellerie
Zucchini

Obst

Aprikosen (Juni)
Erdbeeren
Grapefruit
Johannisbeeren (Juni)
Kirschen (Juni)
Rhabarber
Schwarze Johannisbeeren (Juni)
Wassermelonen

Sommer

Gemüse

Artischocken
Auberginen
Brokkoli
Frühkartoffeln
grüne Bohnen, Stangenbohnen, Schälbohnen
Gurken
junge Karotten
junge Zwiebeln
Kartoffeln
Mangold
neuer Knoblauch
Paprika
Radieschen
Sommersalate (z.B. Kopfsalat, Romana, Batavia)
Spinat
Spitzkohl
Staudensellerie
Tomaten
Zucchini

Obst

Aprikosen
Blaubeeren
Brombeeren
Erdbeeren
Feigen (gegen Ende des Sommers)
Haselnüsse (gegen Ende des Sommers)
Himbeeren
Johannisbeeren
Melonen
Mirabellen (gegen Ende des Sommers)
Nektarinen
Pfirsiche
Pflaumen
Schwarze Johannisbeeren
Trauben (gegen Ende des Sommers)
Walnüsse (gegen Ende des Sommers)
Wassermelonen

VON MÄRZ BIS SEPTEMBER …

… ist die Zeit, in der Gemüse schnell zubereitet ist – ohne große Vorbereitung, langes Kochen oder viel Würzen. Meist ist es gar nicht nötig, das Gemüse zu schälen: Wenn die Schale noch dünn ist, reicht einfaches Abbürsten und Spülen.
Sie haben zu viele Kräuter oder sonstiges Blattgemüse (Kresse, Rucola)? Bereiten Sie daraus Pesto zu (dafür eignet sich auch schönes Radieschengrün) oder frieren Sie Kräuter und Blattgemüse ein, so lassen sich diese später in Speisen oder Suppen verwenden.
Jetzt ist auch die Zeit der Würzmittel auf Basis von Gemüse und klein geschnittener Rohkost, aromatisiert mit Zutaten, die einen kräftigeren Geschmack haben wie Oliven, Knoblauch und Kräuter. Geben Sie noch etwas Öl und Salz dazu. Damit lassen sich einfache Gerichte wie eine Suppe oder Spiegeleier wunderbar aufwerten

Woche 01

Montag

Champignons, Spinat und Bulgur mit Spiegelei

Dienstag

Pasta puttanesca

Mittwoch

Zwiebeltarte, dazu Salat

Donnerstag

Dhal, Spinat, Wirsing mit Kreuzkümmel und Reis

Freitag

Linsensuppe mit Gemüse und Miso

Bonus-Rezept

Selbst gebackenes Käse-Kräuter-Brot

ZEITAUFWAND

2 STD.
KÜCHEN-
ARBEIT
+ 1½ – 2 Std.
Ruhezeit
+ 40 Min.
Backzeit

JAHRESZEIT HERBST

Außerhalb der Jahreszeit den Wirsing durch grüne Bohnen ersetzen.

PRAKTISCHER TIPP

Miso ist ein ausgezeichneter Geschmacksverstärker in Brühen und Suppen.

SIE MÖGEN KEINE

Champignons: durch geräucherten Tofu ersetzen, der für viel Geschmack sorgt

Für die Aufbewahrung

2 Beutel
5 Behältnisse mit ca. 300 ml Fassungsvermögen
5 Behältnisse mit ca. 750 ml Fassungsvermögen
1 Behältnis mit ca. 1½ l Fassungsvermögen

Kochutensilien

1 Backblech
1 Kastenform
1 oder 2 Pfannen
1 oder 2 Schmortöpfe oder Töpfe

MONTAG
DIENSTAG
FREITAG
DONNERSTAG
MITTWOCH
BONUS

Woche 01

Die Einkäufe

Obst, Gemüse und Kräuter

- ❏ 500 g Champignons
- ❏ 5 Karotten (möglichst mit schönem Grün)
- ❏ 1 grüner Salat
- ❏ ½ oder 1 kleiner Wirsing
- ❏ 1 Bund glatte Petersilie
- ❏ 1 Bund Koriander
- ❏ 1 Bund Schnittlauch
- ❏ 1 cm frische Kurkuma
- ❏ 3 cm frischer Ingwer
- ❏ 10 Zwiebeln
- ❏ 11 Knoblauchzehen
- ❏ 1 Bio-Zitrone

Tiefgekühlt

- ❏ 600 g TK-Spinat

Frisch

- ❏ 300 g Tomme oder Cantal + Käseplatte nach Wahl
- ❏ 100 g Parmesan
- ❏ 180 g Butter, davon 165 g 30 Min.uten vor Gebrauch in die Gefriertruhe legen
- ❏ 5 Eier (oder 9, bei größerem Appetit!)
- ❏ 200 g griechischer Joghurt

Sonstiges

- ❑ 150 g Bulgur
- ❑ 2 EL Kapern (vorzugsweise in Salz)
- ❑ 200 g rote Linsen
- ❑ 300 g schwarze Kalamata-Oliven, (ohne Stein)
- ❑ 2 EL Tomatenmark
- ❑ 450 g geschälte Tomaten (Dose)
- ❑ 500 g Spaghetti
- ❑ 240 g Langkornreis
- ❑ 2 EL rotes Miso
- ❑ 1 Päckchen Trockenhefe oder 15 g frische Backhefe
- ❑ 150 g grüne Linsen

Vom Bäcker

- ❑ 2 Brote

Aus dem Vorratsschrank

- ❑ Olivenöl
- ❑ neutrales Öl (z.B. Traubenkern-, Raps-, Sonnenblumenöl)
- ❑ 1 TL Kreuzkümmelsamen oder gem. Kreuzkümmel
- ❑ 700 g Mehl + etwas zum Ausrollen
- ❑ körniger Senf
- ❑ Chiliflocken oder Chilipulver
- ❑ Salz, Pfeffer

Woche 01

Sonntag

1. Vorbereitende Arbeiten

30 Min.

165 g Butter in die Gefriertruhe legen. Kräuter waschen und trocken schütteln. Vom Koriander und der Petersilie die Blättchen abzupfen. Die Hälfte der Korianderblättchen und ¼ der Petersilienblättchen aufbewahren.
→ DOSEN ODER BEUTEL → KÜHLSCHRANK
Rest vom Koriander und der Petersilie hacken.
Karotten und das Grün waschen (welkes Grün abschneiden), bürsten oder schälen. Karotten in Scheiben schneiden, das Grün fein hacken.
Wirsing waschen. In Streifen schneiden. Die Hälfte aufbewahren.
→ DOSE → KÜHLSCHRANK
Salat waschen und in Blätter zerteilen.
→ BEUTEL → KÜHLSCHRANK
Zwiebeln und Knoblauch schälen.
Zwiebeln in Scheiben schneiden.
Den Käse (Tomme oder Cantal) reiben.
Oliven hacken.
Champignons putzen, säubern und in Scheiben schneiden.
100 g zurückbehalten, den Rest aufbewahren. **→ DOSE → KÜHLSCHRANK**
Ingwer und Kurkuma schälen und in Scheiben schneiden.
Linsen in einem Sieb gründlich spülen.

2. Dhal

10 Min.

Die roten Linsen mit 600 ml Wasser in einem Topf kochen, dabei den Schaum abschöpfen. Dann Ingwer, 2 Knoblauchzehen, Kurkuma, die Hälfte des gehackten Korianders, 1 Prise Chiliflocken und etwas Zitronensaft zugeben. Bei milder Hitze halb zugedeckt etwa 1 Stunde köcheln lassen, bis die Linsen weich sind und das Wasser aufgenommen haben. Abkühlen lassen.
→ DOSE → GEFRIERTRUHE

3. Tarteteig und Vinaigrette

20 Min.

TARTETEIG 200 g Mehl in eine Schüssel geben, ½ TL Salz zufügen. Die Butter aus der Gefriertruhe nehmen und über das Mehl raspeln, dabei hin und wieder ins Mehl tauchen. Butterspäne und Mehl vermischen, 120 ml Wasser zugießen (am besten sehr kalt, aus dem Kühlschrank) und alles mit der Hand zu einem Teig verkneten. Bei Bedarf mehr Wasser zugeben. Den Teig zu einer Kugel formen, ohne ihn zu stark zu kneten. **→ IN FRISCHHALTEFOLIE ODER BEUTEL → KÜHLSCHRANK**

VINAIGRETTE In ein Schraubglas 2 TL Senf, 1 EL Zitronensaft, etwas Zitronenschale, etwas geriebenen Knoblauch, Salz, Pfeffer und 3 EL Olivenöl geben, Glas verschließen und kräftig schütteln. **→ KÜHLSCHRANK**

4. Pastasauce

15 Min.

Bei Verwendung von Kapern in Salz, diese in ein Glas Wasser einlegen. 3 EL Olivenöl bei milder Hitze in einer Pfanne erhitzen. 4 geriebene Knoblauchzehen zugeben (dabei auch die Reste der für die Vinaigrette verwendeten Zehe nehmen) und 2–3 Minuten garen. Die grob gehackten geschälten Tomaten, Kapern, gehackte Oliven, Tomatenmark und 1 Prise Chili einrühren, Hitze erhöhen, alles gut mischen und 35 Minuten köcheln lassen (die Sauce soll etwas eindicken). Den restlichen gehackten Koriander und ⅓ der gehackten Petersilie zugeben und gründlich verrühren. Sauce abkühlen lassen. **➜ DOSE ➜ KÜHLSCHRANK**

5. Zwiebeln und Suppe

20 Min.

ZWIEBELN In einer Pfanne die Zwiebeln mit 4 EL Olivenöl und 1 Prise Salz bei mittlerer Hitze 20 Minuten dünsten. Nach 10 Minuten 2 EL davon für die Suppe herausnehmen. Sobald die Zwiebeln fertig sind, abkühlen lassen. Mit 100 g geriebenem Käse getrennt aufbewahren. **➜ DOSE ➜ KÜHLSCHRANK**

SUPPE Die 2 EL beiseite gestellten Zwiebeln, 100 g Champignons, die Karotten und 5 geriebene Knoblauchzehen in einen Schmortopf geben. 5 Minuten garen, dann das Miso gründlich unterrühren, die Wärmezufuhr reduzieren und alles etwa 10 Minuten garen, dann 1,2 l Wasser und das Karottengrün zugeben. Sobald das Wasser kocht, die grünen Linsen und den Wirsing einrühren und Suppe zugedeckt 30 Minuten kochen lassen. Bei Bedarf salzen. Abkühlen lassen. **➜ DOSE ➜ GEFRIERTRUHE**

6. Tarteboden

15 Min.

Den Teig aus dem Kühlschrank nehmen. Mit der Hand auf einer bemehlten Arbeitsfläche flach drücken, dann mit dem Teigroller zu einem Rechteck ausrollen und auf ein mit Backpapier ausgelegtes Backblech legen. Mit Frischhaltefolie abdecken. **➜ GEFRIERTRUHE** oder **➜ KÜHLSCHRANK** (falls die Gefriertruhe zu klein ist).

7. Brot

15 Min. + 1 ½–2 Std. Ruhezeit + 40 Min. Backzeit

250 ml lauwarmes Wasser bereitstellen. Die Hefe mit etwas von diesem Wasser in eine Tasse geben und darin auflösen. Nach 5 Minuten die aufgelöste Hefe in einer Schüssel mit 500 g Mehl, 2 TL Salz und dem restlichen Wasser vermischen und mit dem Handrührgerät 10 Minuten kneten. Den gehackten Schnittlauch, die restliche gehackte Petersilie sowie 200 g geriebenen Käse und 1 gehäuften EL körnigen Senf gründlich untermischen. Teig mit einem Geschirrtuch abdecken und an einem warmen, vor Luftzug geschützten Ort gehen lassen. Nach 1 ½–2 Stunden sollte der Teig sein Volumen verdoppelt haben. Teig noch mal durchkneten, zu einer Kugel formen, dann zu einem länglichen Brot rollen und in eine gefettete Kastenform legen. Teig einfrieren und später backen oder 30 Minuten unter einem Geschirrtuch ruhen lassen und dann bei 200 °C 40 Minuten im Ofen backen.

Woche 01

Montag

Champignons, Spinat und Bulgur mit Spiegelei

Fertig in 20 Min., davon 10 Min. Küchenarbeit

BULGUR In einem Topf mit der doppelten Menge kochendem Salzwasser Bulgur 5 Minuten garen.

CHAMPIGNONS, SPINAT, EIER In einer Pfanne 1 EL Olivenöl erhitzen und die Champignons darin 5 Minuten anbraten. 400 g Spinat und 15 g Butter zugeben, 10 Minuten garen, dann das Gemüse zur Seite schieben und 4 Eier daneben aufschlagen (oder 8 bei großem Appetit). Sobald das Eiweiß gestockt ist, salzen und pfeffern. Mit Bulgur und etwas Brot servieren.

Pasta puttanesca

Fertig in 15 Min., davon 5 Min. Küchenarbeit

Die Spaghetti in einem Topf mit reichlich kochendem Salzwasser (5 g/l) bissfest garen. Die Sauce in einer Pfanne bei milder Hitze erwärmen. Nudeln durch ein Sieb abgießen, dabei 1 oder 2 EL Kochwasser zurückbehalten. Nudeln in die Sauce geben und diese bei Bedarf mit etwas Kochwasser verdünnen. Den Parmesan reiben und zur Pasta servieren.

Woche 01 Mittwoch

Zwiebeltarte, dazu Salat

Fertig in 30 Min., davon 5 Min. Küchenarbeit

TARTE Backofen auf 180 °C vorheizen. Das Backblech mit dem Tarteboden aus der Gefriertruhe oder dem Kühlschrank nehmen. Den Teig 15 Minuten im Ofen blindbacken, dann die Zwiebeln darauf verteilen und mit 100 g geriebenem Käse bestreuen. 1 Ei und 150 g griechischen Joghurt in einer Schüssel mit dem Schneebesen verquirlen und auf der Tarte verteilen. Tarte ca. 15 Minuten im Ofen backen. Mit Petersilie garnieren.

SALAT in einer Schüssel mit der Vinaigrette anmachen und zu der Tarte servieren.

FÜR DONNERSTAG Dhal und 200 g Spinat zum Auftauen in den Kühlschrank stellen.

Donnerstag

Woche 01

Dhal, Spinat, Wirsing mit Kreuzkümmel und Reis

Fertig in 30 Min., davon 5 Min. Küchenarbeit

DHAL in einem Topf aufwärmen und dabei den aufgetauten Spinat (200 g) einrühren.
REIS In einem Topf mit Deckel Reis mit der 1 ½-fachen Menge Salzwasser 11 Minuten garen. Der Reis soll das Wasser vollständig aufnehmen. Deckel abnehmen und den Reis noch 5 Minuten mit einem Geschirrtuch abgedeckt ruhen lassen.
WIRSING MIT KREUZKÜMMEL 3 EL Öl (neutrales oder Olivenöl) in einer Pfanne erhitzen, die Kreuzkümmelsamen und die Wirsingstreifen darin ein paar Minuten anbraten. Das mit frischem Koriander und einem Löffel griechischem Joghurt garnierte Dhal zusammen mit dem Reis und dem Wirsing mit Kreuzkümmel servieren.

Linsensuppe mit Gemüse und Miso

Fertig in 10 Min., davon 5 Min. Küchenarbeit

Die Suppe in einem Topf aufwärmen. Mit Petersilien- oder Korianderblättchen bestreuen, je nachdem, was noch da ist, und mit Brot und Käse oder dem Käse-Kräuter-Brot servieren.

Bonus-Rezept

Woche 01

Selbst gebackenes Käse-Kräuter-Brot

Fertig in 40 Min., davon 5 Min. Küchenarbeit

Das noch nicht gebackene Brot am Vortag zum Auftauen in den Kühlschrank stellen. 1 Stunde vor dem Backen herausnehmen und unter einem Geschirrtuch ruhen lassen. Den Backofen auf 200 °C vorheizen und das Brot 35–40 Minuten backen. Das Brot bleibt 1 oder 2 Tage frisch. Danach können Sie es toasten oder scheibenweise einfrieren. Es passt mit oder ohne Butter perfekt zu einer Suppe, einem Salat, zu Eiern … Und es ist ein gutes Frühstück für alle, die morgens Herzhaftes mögen!

Woche 02

ZEITAUFWAND

2 STD.
KÜCHEN-
ARBEIT

JAHRESZEIT HERBST

Außerhalb der Jahreszeit den Kürbis durch Zucchini ersetzen, diese werden kürzer im Ofen gebraten.

Montag

Rühreier, Avocadocreme
und Kartoffelfladen

Dienstag

Nudeln mit Kichererbsen und Rosmarin

Mittwoch

Gebratener Hokkaido mit Burrata und
Pekannüssen, dazu Grüne-Linsen-Salat

Donnerstag

Gebratener Reis mit Wirsing

Freitag

Kürbiscremesuppe mit Croûtons,
dazu Mandeln und Käse

Bonus-Rezept

Trockenpflaumen-Clafoutis

PRAKTISCHER TIPP

Bei den Früchten für das Clafoutis können Sie variieren, geeignet sind auch: getrocknete Aprikosen, in Butter gebratene Apfelschnitze, TK-Früchte …

SIE MÖGEN KEINEN

Wirsing: durch Chinakohl ersetzen, der einen milderen Geschmack und eine kürzere Kochzeit hat

Für die Aufbewahrung

3 Beutel
5 Behältnisse mit ca.
300 ml Fassungsvermögen
5 Behältnisse mit ca.
750 ml Fassungsvermögen
1 Behältnis mit ca.
1½ l Fassungsvermögen

Kochutensilien

1 ofenfeste Form
1 Backblech
1 Schmortopf
1 oder 2 Töpfe
1 oder 2 Pfannen
1 quadratische Backform mit
15 oder 20 cm Seitenlänge

DONNERSTAG
DIENSTAG
MITTWOCH
FREITAG
BONUS
MONTAG

Woche 02

Die Einkäufe

Obst, Gemüse und Kräuter

- ❏ 2 Avocados
- ❏ 1 großer Hokkaido-Kürbis oder 2 kleine (ca. 1,2 kg)
- ❏ 5 Karotten
- ❏ ½ oder 1 kleiner Wirsing
- ❏ 400 g Kartoffeln
- ❏ 1 schöner Salat
- ❏ 3 cm frischer Ingwer
- ❏ 2 kleine milde Zwiebeln
- ❏ 2 Schalotten
- ❏ 6 Knoblauchzehen
- ❏ 1 kleines Bund Koriander
- ❏ einige Zweige getr. Thymian oder Oregano
- ❏ 1 Bund glatte Petersilie
- ❏ 2 Staudensellerie
- ❏ 1 Zweig Rosmarin
- ❏ 3 Lorbeerblätter
- ❏ 2 Minzestängel
- ❏ 2 Bio-Zitronen

Tiefgekühlt

- ❏ 200 g TK-Erbsen

Frisch

- ❏ 13 Eier
- ❏ 300 ml Milch
- ❏ 500 g Burrata oder Büffelmozzarella
- ❏ 300 g griechischer Joghurt
- ❏ 90 g Butter
- ❏ 200 g Tomme oder ein anderer Käse (wird zur Suppe serviert)

Sonstiges

- ❑ 400 g gekochte Kichererbsen (Dose) (oder 200 g getrocknete Kichererbsen, am Vortag einweichen)
- ❑ 1 Bio-Gemüsebrühwürfel
- ❑ 80 g Pekannusskerne
- ❑ 150 g grüne Linsen
- ❑ 200 g Reis
- ❑ 150 g ganze Mandeln
- ❑ 250 g Trockenpflaumen (ohne Stein)
- ❑ 200 g kurze Nudeln (z.B. Fusilli, Orecchiette)

Vom Bäcker

- ❑ 10 Scheiben Brot

Aus dem Vorratsschrank

- ❑ 145 g Mehl + etwas zum Ausrollen
- ❑ Sojasauce
- ❑ Chiliflocken oder Chilipulver
- ❑ Olivenöl
- ❑ Rum
- ❑ Muskatnuss
- ❑ Senf
- ❑ 35 g Zucker
- ❑ Salz, Pfeffer

Sonntag

1. Vorbereitende Arbeiten

20 Min.

Kräuter waschen und trocken schütteln. Von Petersilie, Minze und Koriander die Blättchen abzupfen. Die Hälfte der Petersilie, Minze und Koriander aufbewahren.
➜ DOSE ➜ KÜHLSCHRANK
Rosmarinnadeln hacken.
3 Knoblauchzehen schälen. Die Zwiebeln schälen und hacken.
Karotten schälen, 1 ganz lassen, die anderen klein würfeln. Die Hälfte der gewürfelten Karotten für den Reis aufbewahren.
➜ DOSE ➜ KÜHLSCHRANK
Sellerie waschen, klein würfeln und in einer Schüssel mit den (nicht eingepackten) Karottenwürfeln und den gehackten Zwiebeln mischen. Die Kartoffeln sauber bürsten.
Hokkaido waschen, halbieren, die Kerne herausnehmen, dann Kürbis in Spalten schneiden.
Wirsing waschen und in Streifen schneiden.
➜ BEUTEL ➜ KÜHLSCHRANK
Linsen in einem Sieb abspülen.
Kichererbsen aus der Dose in ein Sieb abgießen und spülen. (Bei Verwendung von getrockneten Kichererbsen, die am Vortag eingeweicht wurden, diese bei milder Hitze ohne Salz in einem Topf mit der dreifachen Menge Wasser 1 Stunde kochen.)
Salat waschen, in Blätter teilen und trocken schütteln. **➜ BEUTEL ➜ KÜHLSCHRANK**

2. Kartoffelfladen

20 Min.

Die ungeschälten Kartoffeln in einem Topf mit Salzwasser kochen (ca. 30 Minuten, abhängig von der Größe). Abgießen, etwas abkühlen lassen und dann schälen. Kartoffeln in einer Schüssel mit dem Kartoffelstampfer zerdrücken und mit 30 g Butter, 100 g Mehl und 1 guten Prise frisch geriebener Muskatnuss zu einem festen Teig verarbeiten. Aus dem Teig Kugeln formen und diese mit dem Teigroller auf einer bemehlten Arbeitsfläche zu 5–10 mm dicken Fladen mit Ø 15 cm ausrollen. Eine Pfanne mit dickem Boden auf mittlerer Stufe erhitzen, etwas Butter hineingeben und jeden Fladen darin von beiden Seiten goldgelb ausbacken. Abkühlen lassen. **➜ BEUTEL ODER DOSE ➜ KÜHLSCHRANK**

3. Gemüse für die Nudeln

15 Min.

In einem Topf die Hälfte der Karotten-Sellerie-Zwiebel-Mischung mit 1 EL Olivenöl und 1 Prise Salz 10 Minuten andünsten, dabei kaum bräunen lassen. Rosmarin zugeben, 1 Minute rühren, 2 Lorbeerblätter, 1 gute Prise fein abgeriebene Zitronenschale und 750 ml Wasser zugeben und 10 Minuten köcheln lassen. Kichererbsen unterrühren. Abkühlen lassen.
➜ BEUTEL ➜ KÜHLSCHRANK

4. Hokkaido und Linsen + Zitronen-Vinaigrette

20 Min.

HOKKAIDO Die Hälfte der Kürbisspalten mit 2 EL Olivenöl, 2 zerdrückten, ungeschälten Knoblauchzehen, etwas getrockneten Thymian oder Oregano, Salz und Pfeffer in einer Schüssel mischen. **→ DOSE → KÜHLSCHRANK**
LINSEN In einem Topf mit der dreifachen Menge Wasser Linsen, die ganze Karotte, 1 ungeschälte Knoblauchzehe und 1 Lorbeerblatt etwa 20 Minuten kochen, dann abgießen. Karotte, Knoblauch und Lorbeerblatt entfernen. Linsen erkalten lassen. **→ DOSE → KÜHLSCHRANK**
VINAIGRETTE In einem Schraubglas 2 TL Senf, 1 TL Zitronensaft und etwas Zitronenschale, Salz, Pfeffer und 5 EL Olivenöl mischen. Gefäß verschließen, schütteln. **→ GLASGEFÄSS → KÜHLSCHRANK**

5. Reis

15 Min.

REIS Reis, die 1 ½-fache Menge Wasser und etwas Salz in einen Topf geben und aufkochen lassen. Umrühren, Hitze reduzieren und Reis zugedeckt 11 Minuten garen lassen. Deckel abnehmen, den Reis mit einer Gabel auflockern und ein Geschirrtuch auf den Topf legen. Reis abkühlen lassen. **→ DOSE → KÜHLSCHRANK**
SAUCE ZUM REIS Ingwer schälen und ebenso wie 1 geschälte Knoblauchzehe reiben. Mit 2 EL Sojasauce mischen. **→ GLASGEFÄSS → KÜHLSCHRANK**

6. Suppe

15 Min.

SUPPE In einem Topf oder Schmortopf die restliche Karotten-Sellerie-Zwiebel-Mischung in 15 g Butter anschwitzen, bis das Gemüse schön weich ist, dann den restlichen Kürbis zugeben. 2–3 Minuten unter Rühren garen, dann so viel Wasser zugießen, dass alles bedeckt ist. Den Gemüsebrühwürfel zugeben und Suppe etwa 20 Minuten kochen lassen. Die Hälfte der Petersilie einrühren. Die Suppe mit dem Stabmixer pürieren. Erkalten lassen. **→ DOSE → GEFRIERTRUHE**
CROÛTONS Das Brot in Würfel schneiden. In einer Schüssel mit 2 geriebenen Knoblauchzehen, 3 EL Olivenöl, Salz, etwas getrocknetem Thymian oder Oregano vermischen. **→ DOSE → GEFRIERTRUHE**
MANDELN In einer Schüssel Mandeln mit 1 EL Olivenöl und ½ TL Salz vermischen. Den Backofen auf 180 °C vorheizen. Die Mandeln auf einem Backblech verteilen, mit etwas Thymian bestreuen und 10 Minuten im Ofen rösten. **→ GLASGEFÄSS → VORRATSSCHRANK**

7. Clafoutis

15 Min.

Die Trockenpflaumen in einer Schüssel mit etwas Rum ziehen lassen. Eine kleine quadratische Backform einfetten. Die Backofentemperatur auf 200 °C erhöhen. In einer Schüssel 300 ml Milch, 150 g griechischen Joghurt, 45 g Mehl, 4 Eier und 35 g Zucker mit dem Schneebesen verrühren. Die Trockenpflaumen abtropfen lassen, in die Form legen und den Teig darübergießen. 35–45 Minuten im Ofen backen. Erkalten lassen. **→ MIT FRISCHHALTEFOLIE ABDECKEN → KÜHLSCHRANK**

Woche 02

Montag

Rühreier, Avocadocreme und Kartoffelfladen

Fertig nach 15 Min. Küchenarbeit

DIE AVOCADOS schälen, entkernen und das Fruchtfleisch in einer Schüssel mit dem Saft ½ Zitrone (Rest für Dienstag aufheben), 1 geschälten, gehackten Schalotte, etwas gehacktem Koriander, Salz und 1 Prise Chili zerdrücken.
RÜHREIER In einer Pfanne 15 g Butter bei milder Hitze zerlassen. 8 Eier in eine Schüssel aufschlagen und mit dem Schneebesen gut verquirlen, anschließend unter Rühren bei weiterhin sehr milder Hitze in der Pfanne garen, bis das Ei gestockt ist. Das Ei kann auch in einer Schüssel im Wasserbad gegart werden, damit es nicht zu stark anbrät.
KARTOFFELFLADEN mit etwas Butter in einer Pfanne aufwärmen und alles zusammen servieren. Dazu passen ein paar Salatblätter mit Zitronen-Vinaigrette.

Dienstag Woche 02

Nudeln mit Kichererbsen und Rosmarin

Fertig in 15 Min., davon 5 Min. Küchenarbeit

Das Gemüse für die Nudeln in einen Topf geben und so viel Wasser angießen, dass es damit bedeckt ist. Aufkochen, die Nudeln dazugeben und zugedeckt bei mittlerer Hitze nach Packungsanweisung bissfest kochen. Mit etwas Olivenöl beträufeln, nach Belieben mit etwas geriebenem Käse (für Freitag noch ganzen Käse aufheben), gehackter Petersilie (für Mittwoch noch Petersilie aufheben) und Zitronenabrieb bestreuen. Dazu etwas mit Vinaigrette angemachten Salat reichen.

Gebratener Hokkaido mit Burrata und Pekannüssen, dazu Grüne-Linsen-Salat

Fertig in 35 Min., davon 10 Min. Küchenarbeit

PEKANNÜSSE Backofen auf 190 °C vorheizen. Pekannusskerne auf einem Backblech verteilen und im Ofen auf der oberen Einschubleiste 6–7 Minuten rösten.

HOKKAIDO Die Kürbisspalten auf ein Backblech oder in eine ofenfeste Form legen und bei 190 °C 20–25 Minuten im Ofen braten. Warm mit Pekannüssen bestreut servieren, dazu die mit etwas Olivenöl beträufelte Burrata reichen.

LINSENSALAT Die Linsen in einer Schüssel mit Zitronen-Vinaigrette, gehackten Minzblättern, gehackter Petersilie und 1 geschälten, gehackten Schalotte verrühren. Einige Salatblätter dazugeben und zusammen servieren.

Gebratener Reis mit Wirsing

Fertig nach 10 Min. Küchenarbeit

1 EL neutrales Öl (oder mildes Olivenöl) in einer Pfanne erhitzen. 1 Ei unter Rühren bei starker Hitze darin braten, dann Karottenwürfel, Erbsen und Wirsing dazugeben und 3–4 Minuten unter Rühren braten. Den Reis zugeben, 2 Minuten weiterbraten, die Sauce angießen und gut untermischen. Mit den restlichen Korianderblättchen bestreut servieren.

FÜR FREITAG Die Suppe zum Auftauen in den Kühlschrank stellen.

Woche 02 Freitag

Kürbiscremesuppe mit Croûtons, dazu Mandeln und Käse

Fertig in 20 Min., davon 10 Min. Küchenarbeit

CROÛTONS Den Backofen auf 190 °C vorheizen. Die Croûtons auf einem Backblech verteilen und ca. 15 Minuten im Ofen rösten.
SUPPE IN EINEM TOPF aufwärmen, mit Croûtons bestreut und mit je 1 EL griechischem Joghurt garniert servieren. Zu der Suppe die Mandeln und den Käse reichen.

Bonus-Rezept

Woche 02

Trockenpflaumen-Clafoutis

Bereits fertig

Das Clafoutis hält sich im Kühlschrank 2–3 Tage. Sie können es lauwarm oder kalt zum Frühstück, als Dessert oder nachmittags genießen.

ZEITAUFWAND

2 STD.
KÜCHEN-
ARBEIT

JAHRESZEIT HERBST

Außerhalb der Jahreszeit Quiche und Salat anstelle von Kürbis mit gebratener Zucchini zubereiten und statt Topinambur gebratene oder gedünstete Auberginenwürfel verwenden.

Woche 03

Montag

Welsh Rarebit (warmes Käsebrot)
mit Salat

Dienstag

Soba mit gebratenem
Gemüse und Tofu

Mittwoch

Gemüsequiche

Donnerstag

Reis und vegetarisches Curry
mit roten Linsen

Freitag

Grüne Suppe, dazu Eierbrot

Bonus-Rezept

Bananenbrot

PRAKTISCHER TIPP

Soba sind Buchweizennudeln und sehr vielseitig verwendbar.
Sie können sie warm oder kalt als Salat essen.

SIE MÖGEN KEINEN

Topinambur: durch Kartoffeln ersetzen, aber Achtung, deren Kochzeit ist etwas länger

Für die Aufbewahrung

Kochutensilien

DIENSTAG
FREITAG
DONNERSTAG
MONTAG
BONUS
MITTWOCH

Woche 03

Die Einkäufe

Obst, Gemüse und Kräuter

- ❏ 1 Endiviensalat
- ❏ 400 g Blutampfer
- ❏ 1 Hokkaido-Kürbis oder anderer Kürbis (600 g)
- ❏ 6 Topinambur
- ❏ 1 kleines Bund Dill
- ❏ 2 Köpfe Brokkoli
- ❏ 4 Karotten
- ❏ 1 cm frische Kurkuma oder 1 Prise gem. Kurkuma
- ❏ 1 Bund Koriander
- ❏ 1 Kästchen Brunnenkresse
- ❏ 3 sehr reife Bananen
- ❏ 2 Knoblauchzehen
- ❏ 1 Bio-Zitrone
- ❏ 2 Maiskolben (vakuumverpackt)
- ❏ 1 Bio-Limette

Frisch

- ❏ 250 g Cheddar oder Tomme
- ❏ 350 g Butter, 160 g davon 30 Minuten vor Gebrauch in die Gefriertruhe legen und 150 g aus dem Kühlschrank nehmen, damit sie Zimmertemperatur annimmt
- ❏ 9 Eier
- ❏ 500 g griechischer Joghurt
- ❏ 200 g Kräutertofu

Sonstiges

❏ 200 g Soba-Nudeln

❏ 240 g Langkornreis

❏ 1 Bio-Gemüsebrühwürfel

❏ 100 ml Kokosmilch

❏ 250 g rote Linsen

❏ 180 g geröstete Haselnusskerne

❏ 100 ml dunkles Bier

Vom Bäcker

❏ 4–8 Scheiben Landbrot

❏ 1 Brot

Aus dem Vorratsschrank

❏ Olivenöl

❏ 1 EL Sojasauce

❏ körniger Senf

❏ 550 g Mehl + etwas zum Ausrollen

❏ 160 g Zucker

❏ neutrales Öl

❏ 1 gehäufter TL Natron

❏ ½ TL Kreuzkümmelsamen + ½ TL Senfkörner + 10 Bockshornkleesamen + 10 Pfefferkörner (ersatzweise eine indische Gewürzmischung)

❏ Muskatnuss

❏ Salz, Pfeffer

Woche 03

Sonntag

1. Vorbereitende Arbeiten

20 Min.

160 g Butter in die Gefriertruhe legen.
Kräuter und Blutampfer waschen und trocken schütteln.
Von den Kräutern die Blättchen abzupfen. ¼ vom Koriander aufbewahren. **→ DOSE → KÜHLSCHRANK**
Die Hälfte der Brunnenkresse aufbewahren.
→ BEUTEL → KÜHLSCHRANK
Salat waschen, in Blätter teilen und trocken schütteln.
→ BEUTEL → KÜHLSCHRANK
Karotten und Topinambur schälen und in Scheiben schneiden.
Kürbis waschen, halbieren, die Kerne entfernen und Kürbis in Spalten schneiden. Etwa 200 g klein würfeln.
Brokkoli waschen, die Röschen abtrennen und die Stängel in Stücke schneiden.
Knoblauch schälen.
Maiskörner von den Kolben lösen.
Linsen in einem Sieb gründlich waschen.

2. Curry

15 Min.

150 g rote Linsen mit 1 l Wasser in einen Topf geben. Aufkochen, Schaum abschöpfen, geschälte, geriebene Kurkuma und die Hälfte vom (nicht eingepackten) Koriander zugeben. Zugedeckt bei milder Hitze ca. 1 Stunde kochen, bis die Linsen weich sind und das Wasser aufgenommen haben.
Die Hälfte der Karotten und der Topinambur, ¾ der Brokkoliröschen und die Hälfte der Maiskörner in einem Topf mit 1 EL Olivenöl 5 Minuten anbräunen. Das Gemüse anschließend zu den Linsen geben und alles weitere 15 Minuten kochen. Erkalten lassen. **→ DOSE → KÜHLSCHRANK**

3. Quicheteig und Vinaigrette

15 Min.

QUICHETEIG 200 g Mehl in eine Schüssel geben, 1 große Prise Salz zugeben. Die Butter aus der Gefriertruhe holen und mit einer Reibe ins Mehl raspeln, dabei von Zeit zu Zeit ins Mehl tauchen. Die Späne mit einem Tafelmesser mit dem Mehl vermischen, dann 80 ml Wasser zugießen (am besten sehr kalt, aus dem Kühlschrank) und alles weiter mit dem Messer zu einem Teig verarbeiten. Bei Bedarf mehr Wasser zufügen. Den Teig zu einer Kugel formen, ohne ihn zu stark zu kneten. **→ IN FRISCHHALTEFOLIE WICKELN ODER IN EINEN BEUTEL GEBEN → KÜHLSCHRANK**
VINAIGRETTE In ein Schraubglas 2 TL Senf, 1 EL Zitronensaft, etwas Zitronenschale, etwas geriebenen Knoblauch, Salz, Pfeffer und 3 EL Olivenöl geben. Gefäß verschließen und kräftig schütteln. **→ GLASGEFÄSS → KÜHLSCHRANK**

4. Welsh Rarebit

10 Min.

Den Käse reiben, mit dem Bier, 1 gehäuften EL körnigem Senf und 10 g Butter in einer Schüssel vermischen und pfeffern.
→ DOSE → KÜHLSCHRANK

5. Soba

15 Min.

NUDELN Die Soba-Nudeln in einem Topf mit kochendem Wasser 4 Minuten (oder nach Packungsanweisung) weich garen, durch ein Sieb abgießen, dann mit kaltem Wasser spülen. **→ DOSE → KÜHLSCHRANK**

SAUCE 2 EL Olivenöl mit etwas geriebenem Knoblauch, der Sojasauce und 2 TL Limettensaft in einer Schüssel verrühren. **→ SCHRAUBGLAS → KÜHLSCHRANK**

GEBRATENES GEMÜSE Den Backofen auf 190 °C vorheizen. Die Kürbisspalten und den Rest Topinambur in einer Schüssel mit 2 EL Olivenöl, Salz und Pfeffer und 2 zerdrückten Knoblauchzehen (darunter die Reste der verwendeten Zehe) mischen. In einer ofenfesten Form verteilen und ca. 25 Minuten im Ofen backen. Abkühlen lassen. **→ DOSE → KÜHLSCHRANK**

6. Suppe

15 Min.

Brokkolistiele, restliche Linsen, die Hälfte der restlichen Karotten und den Brühwürfel in einen Topf geben, nur so viel Wasser zugießen, dass alles bedeckt ist und Suppe 20 Minuten kochen. Die Hälfte des Blutampfers, den restlichen (nicht eingepackten) Koriander und die Hälfte vom Dill zugeben und weitere 5 Minuten kochen. Mit dem Stabmixer pürieren, dabei die Kokosmilch zugießen und – falls nötig – salzen. Erkalten lassen. **→ DOSE → GEFRIERTRUHE**

7. Quiche

15 Min.

TEIG Den Teig auf einer bemehlten Arbeitsfläche mit dem Teigroller ausrollen und eine mit Butter gefettete Tarteform mit Ø 26 cm damit auslegen. **→ MIT FRISCHHALTEFOLIE ABDECKEN → GEFRIERTRUHE**

GEMÜSE In einem Topf Wasser aufkochen und salzen. Die restlichen Karotten in den Topf geben. Nach 5 Minuten die restlichen Brokkoliröschen und die Kürbiswürfel zugeben, noch 5 Minuten kochen, dann durch ein Sieb abgießen. Abkühlen lassen, den restlichen Mais und den restlichen gehackten Dill untermischen. **→ DOSE → KÜHLSCHRANK**

8. Bananenbrot

15 Min.

Den Backofen auf 180 °C vorheizen. 150 g Butter und 160 g Zucker in einer Schüssel mit dem Handrührgerät schaumig schlagen. Nacheinander 3 Eier unterrühren, dann die geschälten, zerdrückten Bananen, 100 g griechischen Joghurt und 1 EL Wasser. 350 g Mehl, vermischt mit 1 gehäuften TL Natron und 1 große Prise Salz, zugeben. 100 g ganze oder gehackte Haselnüsse unterrühren. (Nach Belieben können Sie noch 150 g gehackte dunkle oder Vollmilchschokolade unter den Teig mischen.) Den Teig in die mit Butter gefettete Kastenform füllen und 40–45 Minuten im Ofen backen. Das Brot ist fertig, wenn ein Holzstäbchen, das in den Teig gesteckt wird, beim Herausziehen sauber bleibt.

Woche 03 Montag

Welsh Rarebit (warmes Käsebrot) mit Salat

Fertig in 15 Min., davon 5 Min. Küchenarbeit

Den Backofen auf Grillstufe vorheizen. Die Reibkäsemischung in einen kleinen Topf geben und bei milder Hitze unter Rühren schmelzen. Die Brotscheiben grillen, in eine ofenfeste Form oder auf ein Backblech legen und die Käsemischung darauf verteilen. Unter dem Backofengrill gratinieren und mit der Hälfte des Salats servieren, der mit der Hälfte der Vinaigrette angemacht wurde.

Soba mit gebratenem Gemüse und Tofu

Fertig nach 10 Min. Küchenarbeit

Die Nudeln in eine Schüssel geben und mit einem Teil der Sauce vermischen, sodass sie nicht mehr zusammenkleben. Das gebratene Gemüse 5 Minuten im Backofen oder in einer Pfanne aufwärmen. Den restlichen Blutampfer unter die Nudeln mischen, den Tofu klein schneiden und ebenso wie das Gemüse und 80 g Haselnüsse unterheben. Bei Bedarf mehr Sauce untermischen.

Woche 03

Mittwoch

Gemüsequiche

Fertig in 40 Min., davon 5 Min. Küchenarbeit

300 g griechischen Joghurt mit 2 Eiern in einer Schüssel mit dem Schneebesen verquirlen. Etwas Muskatnuss, Salz und Pfeffer einrühren. Das Gemüse auf dem gekühlten Quicheboden verteilen, die Joghurtmasse darüber gießen. Quiche 30 Minuten im Ofen backen. Dazu den restlichen Salat, angemacht mit Vinaigrette, servieren.

Reis und vegetarisches Curry mit roten Linsen

Fertig in 20 Min., davon 10 Min. Küchenarbeit

Den Reis in einem Topf mit Wasser gar kochen. Das Curry (Linsen mit Gemüse) in einem weiteren Topf aufwärmen. In einer Pfanne 3 EL neutrales Öl erhitzen, die gemischten Gewürze dazugeben und rösten, bis sie platzen und ihr Aroma entfalten. (Achtung, das geht schnell, die Gewürze nicht verbrennen lassen.) Das Curry mit den Gewürzen und etwas Koriander (für Freitag noch etwas aufheben) bestreuen und mit griechischem Joghurt garnieren. Dazu den Reis servieren.

FÜR FREITAG Die Suppe zum Auftauen in den Kühlschrank stellen. Etwas Brot dafür einplanen.

Woche 03 Freitag

Grüne Suppe, dazu Eierbrot

Fertig in 15 Min., davon 5 Min. Küchenarbeit

Brot bereithalten. Die Suppe in einem Topf aufwärmen. 4 Eier in einem Topf mit kochendem Wasser in 7–8 Minuten wachsweich kochen. Die Eier schälen, in einer Schüssel mit einer Gabel zerdrücken und mit 15 g Butter und dem restlichen gehackten Koriander vermischen. Masse auf die Brotscheiben streichen. Zur Suppe servieren.

Bonus-Rezept Woche 03

Bananenbrot

Bereits fertig

Das Bananenbrot hält sich problemlos einige Tage. Sehr gut schmeckt es zum Frühstück.

Woche 04

ZEITAUFWAND

2 STD. KÜCHEN-ARBEIT

JAHRESZEIT WINTER

Außerhalb der Jahreszeit für die Cannelloni beliebiges Blattgemüse verwenden und das Winter-Wurzelgemüse durch junge Karotten und junge weiße Rüben ersetzen.

Montag

Gebratenes Wurzelgemüse mit cremiger Sauce

Dienstag

Cannelloni mit Grünkohl und Frischkäse

Mittwoch

Grünes Omelette, dazu ein Wintersalat mit Linsen und Walnüssen

Donnerstag

Blumenkohl auf indische Art, dazu Reis

Freitag

Italienische Bohnensuppe

Bonus-Rezept

Energie-Smoothie

PRAKTISCHER TIPP

Durch Getreide in der Suppe wird das Gericht nahrhafter, ein Mittelding zwischen Eintopf und Suppe.

SIE MÖGEN KEINEN

(oder bekommen keinen) Grünkohl: durch Wirsing ersetzen

Für die Aufbewahrung

1 Beutel
6 Behältnisse mit ca. 300 ml Fassungsvermögen
3 Behältnisse mit ca. 750 ml Fassungsvermögen
1 Behältnis mit ca. 1½ l Fassungsvermögen

Kochutensilien

1 ofenfeste Form
1 Schmortopf
1 oder 2 Töpfe
1 Pfanne
Standmixer und Stabmixer

MITTWOCH
FREITAG
MONTAG
DONNERSTAG
DIENSTAG

Woche 04

Die Einkäufe

Obst, Gemüse und Kräuter

- ❏ 2 mittelgroße Süßkartoffeln
- ❏ 2 Schwarzwurzeln oder 2 Pastinaken
- ❏ 500 g Grünkohl oder ½ Wirsing
- ❏ 2 oder 3 Chicorées oder 1 kleiner Friséesalat oder 250 g Feldsalat
- ❏ 1 Blumenkohl
- ❏ 2 Stauden Mangold oder Pak Choi
- ❏ 5 Karotten
- ❏ 1 Staudensellerie
- ❏ 1 rote Zwiebel
- ❏ 1 Zweig Rosmarin, getr. Thymian, 1 Lorbeerblatt, getr. Oregano (eines davon oder alle vier)
- ❏ 1 cm frische Kurkuma oder 1 Prise gem. Kurkuma
- ❏ 1 frische Chilischote
- ❏ 1 kleines Bund glatte Petersilie
- ❏ 1 kleines Bund Koriander
- ❏ 5 Knoblauchzehen
- ❏ 2 cm frischer Ingwer
- ❏ 1 Bio-Zitrone
- ❏ 2 Bananen
- ❏ 10 Walnüsse
- ❏ 1 Bio-Orange

Tiefgekühlt

- ❏ 150 g TK-Himbeeren

Frisch

- ❏ 300 g griechischer Joghurt
- ❏ 8 Eier
- ❏ 150 g Mozzarella
- ❏ 200 ml Milch
- ❏ 150 g Fetakäse
- ❏ 250 g Frischkäse (von Ziege, Kuh oder Schaf)

Sonstiges

- ❑ 1 EL Erdnussbutter
- ❑ 150 g grüne Linsen
- ❑ 16 Cannelloni
- ❑ 2 EL Pinienkerne
- ❑ 2 EL Gojibeeren
- ❑ 240 g Langkornreis (Vollkorn oder Halbvollkorn)
- ❑ 500 g weiße Bohnen (Dose) (oder 200 g getrocknete Bohnen, am Vortag eingeweicht und dann 1 ½ Stunden gekocht)
- ❑ 400 ml passierte Tomaten (Dose)
- ❑ 50 g Dinkel oder Graupen oder eine Getreidemischung (nach Belieben)
- ❑ 2 EL Haferflocken

Aus dem Vorratsschrank

- ❑ Olivenöl
- ❑ Walnussöl (nach Belieben)
- ❑ neutrales Öl (z.B. Sonnenblumen- oder Traubenkernöl)
- ❑ Senf
- ❑ 1 EL Garam Masala (indische Gewürzmischung)
- ❑ Salz, Pfeffer

Woche 04

Sonntag

1. Vorbereitende Arbeiten

25 Min.

Mangold waschen, in Streifen schneiden. 3 Minuten in einem Topf mit kochendem Salzwasser blanchieren, durch ein Sieb abgießen und erkalten lassen. ⅔ davon aufbewahren. ➜ **DOSE** ➜ **KÜHLSCHRANK**
Chicorée oder den gewählten Salat waschen, in Blätter teilen und trocken schütteln. ➜ **BEUTEL** ➜ **KÜHLSCHRANK**
Kräuter waschen, trocken schütteln und Blättchen abzupfen. Die Hälfte der Petersilie und ¼ vom Koriander aufbewahren. ➜ **DOSE** ➜ **KÜHLSCHRANK**
Grünkohl waschen.
4 Knoblauchzehen und die Zwiebel schälen. Zwiebel hacken. Chilischote waschen, die Kerne eventuell entfernen und Schote hacken.
Süßkartoffeln sauber bürsten.
Schwarzwurzeln oder Pastinaken schälen.
Karotten schälen, 4 Karotten in Scheiben schneiden, 1 Karotte ganz lassen. Falls das Karottengrün dabei ist, dieses verlesen (alles entfernen, was gelb oder zu hart ist) und hacken.
Sellerie waschen und klein schneiden.
Blumenkohl waschen und die Röschen abtrennen. 2 EL der Röschen aufbewahren. ➜ **DOSE** ➜ **KÜHLSCHRANK** Die Blumenkohlstiele in Scheiben schneiden.
Walnüsse knacken und die Walnusskerne aufbewahren. ➜ **DOSE** ➜ **VORRATSSCHRANK**
Linsen in einem Sieb abspülen.

2. Vinaigrette, cremige Sauce, Linsen

20 Min.

VINAIGRETTE In ein Schraubglas 1 Msp. Senf, 1 TL Zitronensaft, 1 Prise Zitronenschale, 1 EL Olivenöl, Salz und Pfeffer geben. Glas schließen und kräftig schütteln.
➜ **SCHRAUBGLAS** ➜ **KÜHLSCHRANK**
CREMIGE SAUCE 2 TL Zitronensaft, 2 EL Orangensaft, 2 EL Olivenöl, ½ TL Senf, 1 EL Erdnussbutter, 1 EL griechischen Joghurt, 15 g Fetakäse, 2 EL Korianderblättchen in eine Schüssel geben und mit dem Stabmixer pürieren.
➜ **SCHRAUBGLAS** ➜ **KÜHLSCHRANK**
LINSEN IN EINEM TOPF MIT WASSER Linsen mit 1 ganzen Karotte, der ungeschälten Knoblauchzehe und 1 Lorbeerblatt, etwas Thymian oder Rosmarin ca. 20 Minuten kochen. Durch ein Sieb abgießen und Karotte, Knoblauch und Kräuter entfernen. Linsen erkalten lassen und in 2 Portionen aufteilen. ➜ **DOSEN** ➜ **KÜHLSCHRANK**

3. Gratin und Wurzelgemüse

20 Min.

GRATIN Backofen auf 180 °C vorheizen. Die Cannelloni 5 Minuten in einem Topf mit Wasser bissfest kochen. Die Grünkohlblätter 2 Minuten in einem Topf mit kochendem Wasser blanchieren. Dann in einem Sieb abtropfen lassen. Eine Handvoll beiseite stellen, den Rest mit 200 g Frischkäse, 100 g abgetropften weißen Bohnen, 1 geriebenen Knoblauchzehe, ½ TL Olivenöl und 2 EL gehackter Petersilie im Standmixer pürieren. Eine ofenfeste Form mit Öl ausstreichen, die Cannelloni mit der Mischung füllen und in die Form legen. Die Zwischenräume mit den restlichen Grünkohlblättern (diese können auch gefüllt werden, wenn von der Mischung etwas übrig ist) und Gojibeeren füllen. Den Mozzarella abtropfen lassen, in Scheiben schneiden und über den Cannelloni verteilen. Gratin 30 Minuten im Ofen backen. Abkühlen lassen. ➜ **MIT FRISCHHALTEFOLIE ABDECKEN** ➜ **KÜHLSCHRANK**
WURZELGEMÜSE Süßkartoffeln und Schwarzwurzeln oder Pastinaken mit 2 EL Olivenöl bestreichen, salzen, pfeffern. ➜ **DOSE** ➜ **KÜHLSCHRANK.**

4. Blumenkohl

20 Min.

Ingwer und Kurkuma schälen und fein reiben (zu einer Art Paste). In einer Schüssel mit 2 EL Wasser verrühren. (Falls Sie keine feine Reibe haben, klein schneiden und mit 2 EL Wasser pürieren.) 4 EL neutrales Öl auf mittlerer Stufe in einer Pfanne erhitzen. Paste unter ständigem Rühren darin anbraten, nach 2 Minuten den restlichen nicht aufbewahrten Koriander und die Hälfte der gehackten Chili zugeben. 2 Minuten weiterrühren, den Blumenkohl zugeben (die nicht eingepackten Röschen und die Stiele) und unter Rühren 5 Minuten weiterbraten. 1 EL Garam Masala, 1 EL Zitronensaft, Salz und 3 EL Wasser zugeben und alles zugedeckt 35–45 Minuten bei milder Hitze köcheln lassen, dabei gelegentlich umrühren. ⅔ des beiseite gestellten Mangolds zugeben. Abkühlen lassen.

→ DOSE → KÜHLSCHRANK

5. Suppe

25 Min.

Dinkel oder Graupen in einem Topf nach Packungsanweisung bissfest kochen, dann in ein Sieb abgießen. In einem Schmortopf oder Topf Zwiebel, Sellerie, Karottenscheiben und Karottengrün in 2 EL Olivenöl bei mäßiger Hitze 20 Minuten dünsten. 3 geriebene Knoblauchzehen einrühren. Die restliche Chili, etwas Oregano, 400 ml passierte Tomaten, 150 ml Wasser und 400 g abgetropfte weiße Bohnen zugeben. Umrühren und Suppe 5 Minuten köcheln lassen. Den restlichen nicht eingepackten Mangold zugeben, salzen und pfeffern und umrühren. Alles 10 Minuten köcheln lassen. 2 große Kellen von der Suppe entnehmen und mit dem Dinkel oder den Graupen im Mixer pürieren, anschließend wieder in die Suppe rühren. Abkühlen lassen.

→ DOSE → GEFRIERTRUHE

Woche 04

Montag

Gebratenes Wurzelgemüse mit cremiger Sauce

Fertig in 1 Std., davon 10 Min. Küchenarbeit

Den Backofen auf 190 °C vorheizen. Das Gemüse in eine ofenfeste Form legen und sehr weich braten, je nach Größe 35–50 Minuten. Inzwischen die Pinienkerne in einer Pfanne ohne Fett rösten. Das fertige Gemüse auf einem Teller mit der Sauce anrichten, mit Fetakäse (für Freitag etwas davon aufheben), 1 Portion Linsen, Pinienkernen, rohen Blumenkohlröschen, einigen klein geschnittenen Chicorée- oder Salatblättern und etwas Koriander garnieren.

Cannelloni mit Grünkohl und Frischkäse

Fertig in 15 Min., davon 5 Min. Küchenarbeit

Den Backofen auf 170 °C vorheizen. Das Gratin etwa 15 Minuten aufwärmen, dann servieren.

Woche 04

Mittwoch

Grünes Omelette, dazu ein Wintersalat mit Linsen und Walnüssen

Fertig nach 10 Min. Küchenarbeit

OMELETTE 1 EL Olivenöl in einer Pfanne erhitzen und den Mangold darin unter Rühren 5 Minuten anbraten. Eier in eine Schüssel aufschlagen und mit der Gabel verrühren, damit das Eigelb verläuft. Den Mangold dazugeben, salzen und pfeffern, 50 g Frischkäse unterrühren. Masse in die Pfanne mit etwas Öl geben und ein Omelette daraus braten.

LINSENSALAT MIT WALNÜSSEN Die restlichen Linsen in einer Schüssel mit klein geschnittenen Chicorée- oder Salatblättern vermischen und mit der Vinaigrette anmachen. Mit etwas gehackter Petersilie und Walnusskernen bestreuen.

Donnerstag

Woche 04

Blumenkohl auf indische Art, dazu Reis

Fertig in 15 Min., davon 5 Min. Küchenarbeit

REIS In einem Topf mit der 1 ½-fachen Menge Wasser und etwas Salz den Reis 11 Minuten kochen.
BLUMENKOHL aufwärmen und mit dem Reis und mit etwas Koriander bestreut servieren. Nach Belieben griechischen Joghurt darauflöffeln.
FÜR FREITAG Die Suppe zum Auftauen in den Kühlschrank stellen.

Woche 04 Freitag

Italienische Bohnensuppe

Fertig in 10 Min., davon 5 Min. Küchenarbeit

Suppe in einem Topf aufwärmen. Zum Servieren mit etwas Olivenöl, zerbröckeltem Fetakäse und gehackter Petersilie und/ oder gehacktem Koriander anrichten.

Bonus-Rezept

Woche 04

Energie-Smoothie

Fertig nach 5 Min. Küchenarbeit

Alle Zutaten erst kurz vor dem Servieren in den Standmixer geben: 250 g griechischer Joghurt, 200 ml Milch, TK-Himbeeren und geschälte, klein geschnittene Bananen pürieren. Wer mag, gibt noch 1 Prise geriebenen frischen Ingwer dazu. Soll der Smoothie dickflüssiger werden, 2 EL Haferflocken untermixen. Ein perfekter Smoothie zum Frühstück (oder als Nachmittagsimbiss).

Woche 05

Montag

Shakshuka mit Fetakäse, dazu Brot

Dienstag

Gebratene Rote Bete mit Fetakäse, Orangen und Linsen

Mittwoch

Penne bolognese vegetarisch

Donnerstag

Spinat-Linsen-Reis mit Gewürzen und Joghurt

Freitag

Bouillon mit Champignons und Miso, Teigtaschen mit Gemüsefüllung

Bonus-Rezept

Karottenkuchen

ZEITAUFWAND

2 STD. KÜCHENARBEIT

JAHRESZEIT WINTER

Außerhalb der Jahreszeit die Rote Bete durch Karotten ersetzen, die 30 Minuten im Backofen gebraten werden.

PRAKTISCHER TIPP

Im Mixer zerkleinerter oder fein geriebener Blumenkohl, wie er hier für die Nudelsauce verwendet wird, hat eine interessante Textur: Er eignet sich auch anstelle von Bulgur für ein Taboulé.

SIE MÖGEN KEINE

Paprika: entweder weglassen oder Artischocken in Öl verwenden, um dem Shakshuka eine besondere Note zu geben

Für die Aufbewahrung

1 Beutel
7 Behältnisse mit ca. 300 ml Fassungsvermögen
7 Behältnisse mit ca. 750 ml Fassungsvermögen
1 Behältnis mit ca. 1½ l Fassungsvermögen

Kochutensilien

1 Backblech
1 Kastenform
2 Schmortöpfe oder Töpfe
1 oder 2 Pfannen

MONTAG
FREITAG
DIENSTAG
DONNERSTAG
MITTWOCH
BONUS

Woche 05

Die Einkäufe

Obst, Gemüse und Kräuter

- ❏ 8 Mini-Rote-Bete oder 4 mittelgroße, möglichst mit Blättern
- ❏ 500 g Champignons
- ❏ 1 Blumenkohl
- ❏ 10 Karotten
- ❏ 1 Salat
- ❏ 1 kleine frische Chilischote
- ❏ 4 cm frischer Ingwer
- ❏ 1 Zweig Rosmarin
- ❏ 1 kleines Bund Petersilie
- ❏ 1 cm frische Kurkuma
- ❏ 9 Knoblauchzehen
- ❏ 10 Schalotten
- ❏ 1 kleines Bund Minze
- ❏ 1 Bio-Zitrone
- ❏ 2 Bio-Orangen (am besten Blutorangen)

Tiefgekühlt

- ❏ 600 g TK-Spinat

Frisch

- ❏ 200 g Fetakäse
- ❏ 450 g griechischer Joghurt
- ❏ 40 g Parmesan
- ❏ 155 g Butter
- ❏ 1 Packung Filoteigblätter
- ❏ 9 Eier
- ❏ 125 g Frischkäse

Sonstiges

- ❏ 1 Glas eingelegte Paprikaschoten (Abtropfgewicht 250 g)
- ❏ 400 g Kirschtomaten (Dose) oder andere Tomaten
- ❏ 200 g schwarze Belugalinsen oder grüne Puy-Linsen
- ❏ 60 g Bulgur
- ❏ 500 g Penne oder andere kurze Nudeln, z.B. Fusilli, Pipe, Orecchiette
- ❏ 2 gehäufte EL Tomatenmark
- ❏ 150 g Halbvollkornreis
- ❏ 2 EL rotes Miso
- ❏ 100 g Kokosraspel
- ❏ 75 g Walnusskerne

Vom Bäcker

- ❏ 1 Brot

Aus dem Vorratsschrank

- ❏ Olivenöl
- ❏ neutrales Öl (z.B. Traubenkern-, Sonnenblumen- oder Rapsöl)
- ❏ 1 ½ TL Backpulver
- ❏ 400 g brauner Zucker
- ❏ 175 g Puderzucker
- ❏ 240 g Mehl
- ❏ 2 ½ TL Koriandersamen
- ❏ 1 TL Zimt oder Viergewürz
- ❏ 2 EL Kürbiskerne (möglichst geröstet)
- ❏ 1 ½ TL Kreuzkümmelsamen
- ❏ Salz, Pfeffer

Woche 05

Sonntag

1. Vorbereitende Arbeiten

20 Min.

Kräuter waschen, trocken schütteln. Von Minze und Petersilie die Blättchen abzupfen. Mit Ausnahme einer kleinen Handvoll Petersilienblätter die Kräuter aufbewahren. **➜ DOSE ➜ KÜHLSCHRANK**
Karotten waschen und entweder abbürsten oder schälen.
Die Hälfte der Karotten klein würfeln, den Rest fein raspeln.
Rote Bete sauber bürsten, Stängel abschneiden, Blätter waschen (beschädigte Blätter wegwerfen).
Blumenkohl waschen und die Röschen abtrennen. ⅓ beiseite stellen, den Rest mit einem Messer oder in der Küchenmaschine sehr fein hacken. Die Stückchen sollen etwa die Größe von Bulgurkörnern haben.
Die kleine Chilischote waschen und fein hacken (Kerne dabei entfernen, um etwas von der Schärfe zu nehmen).
Rosmarinnadeln fein hacken.
Salat waschen, die Blätter abtrennen und trocken schütteln.
➜ BEUTEL ➜ KÜHLSCHRANK
Schalotten und Knoblauch schälen. 9 Schalotten hacken, die letzte in dünne Scheiben schneiden.
Champignons säubern. 3 oder 4 Pilze in Scheiben schneiden, die restlichen fein hacken (das geht auch in der Küchenmaschine).
Linsen in einem Sieb gründlich waschen.

2. Rote Bete

20 Min.

GEBRATENE ROTE BETE Backofen auf 190 °C vorheizen. Die Roten Beten mit 1 EL Olivenöl bestreichen. Locker in Alufolie einpacken, die Folie verschließen und Knollen 45–60 Minuten im Ofen backen. Beim Einstechen mit einer Messerspitze sollen sie weich sein. Während der letzten 10 Minuten die Blätter der Roten Beten, gewürzt mit Salz, Pfeffer und etwas Olivenöl, ebenfalls in den Ofen geben (auf Backpapier oder in eine kleine Form legen). Die fertigen Roten Beten aus der Folie nehmen, das Grün dazugeben, erkalten lassen. **➜ DOSE ➜ KÜHLSCHRANK**
FETAKÄSESAUCE 60 g Fetakäse und 150 g griechischen Joghurt, die Handvoll Petersilienblätter, 1 EL Olivenöl und Pfeffer in eine Schüssel geben und mit dem Stabmixer pürieren. **➜ DOSE ➜ KÜHLSCHRANK**
ORANGENSAUCE In einer Schüssel 1 EL Olivenöl mit 1 TL Koriandersamen, 2 EL Orangensaft, Salz und Pfeffer mischen. **➜ DOSE ➜ KÜHLSCHRANK**
LINSEN in einen Topf mit kaltem Wasser geben und 20 Minuten kochen. In ein Sieb abgießen und abkühlen lassen. **➜ DOSE ➜ KÜHLSCHRANK**
BULGUR In einem Topf Bulgur mit der gleichen Menge kochendem Salzwassers 3 Minuten garen. Abkühlen lassen. **➜ DOSE ➜ KÜHLSCHRANK**

3. Shakshuka-Sauce

15 Min.

SCHALOTTEN-KNOBLAUCH-GEWÜRZ-MISCHUNG 1 TL Kreuzkümmelsamen und 1 TL Koriandersamen auf einem Schneidbrett mit dem Boden eines schweren Topfes oder Glasgefäßes zerdrücken (oder – falls vorhanden – mit Mörser und Stößel).
2 Knoblauchzehen reiben. 2 weitere Knoblauchzehen in dünne Scheiben schneiden. Paprika abtropfen lassen, grob hacken.
4 EL Olivenöl in einer Pfanne bei mittlerer Hitze erwärmen. Schalottenscheiben, Knoblauchscheiben und zerdrückte Gewürze zugeben. Ständig rühren, bis alles goldgelb und knusprig ist (Vorsicht, nicht verbrennen lassen). Den Pfanneninhalt durch ein Sieb in eine Schüssel gießen, dabei das Öl auffangen. Den Inhalt des Siebs zum Abtropfen auf Küchenpapier legen, salzen. Abkühlen lassen.
➜ DOSE ➜ KÜHLSCHRANK
GEMÜSE Das Öl bei schwacher bis mittlerer Hitze wieder in die Pfanne geben. 1 gehackte Schalotte 5 Minuten darin anbraten, geriebenen Knoblauch zugeben und gut verrühren, Paprika unterrühren, die Tomaten zugeben und in der Pfanne zerdrücken. Salzen und pfeffern. Sauce 10–15 Minuten garen, bis sie etwas eindickt. Abkühlen lassen **➜ DOSE ➜ KÜHLSCHRANK**

4. Sauce bolognese vegetarisch

20 Min.

2 EL Olivenöl und 20 g Butter bei mittlerer Hitze in einer Pfanne erwärmen. Die Hälfte der gehackten Champignons 5 Minuten darin leicht anbräunen und weich werden lassen, dann 1 weiteren Esslöffel Olivenöl und 2 gehackte Schalotten zugeben. Noch 5 Minuten weiterbraten, bis diese weich sind. 4 geriebene Knoblauchzehen, Rosmarin und Chili zugeben, 1 Minute rühren, dann 2 gehäufte EL Tomatenmark unterrühren. 2 Minuten weiterbraten, den gehackten Blumenkohl zugeben und etwa 5 Minuten köcheln lassen, dabei hin und wieder umrühren, bis der Blumenkohl leicht am Boden anzuhaften beginnt. Abkühlen lassen. **→ DOSE → KÜHLSCHRANK**

5. Bouillon, Teigtaschen und Gemüse für den Reis

20 Min.

GEMÜSE FÜR DIE BOUILLON UND DEN REIS In einem Topf in 2 EL Olivenöl die gewürfelten Karotten, die restlichen Champignons (gehackt und in Scheiben) und die restlichen gehackten Schalotten leicht anbräunen. 1 geriebene Knoblauchzehe, geschälten und geriebenen Ingwer sowie geschälte und geriebene Kurkuma zugeben. ⅓ dieser Mischung für den Reis herausnehmen.
BOUILLON 2 EL Miso in den Topf geben und gut verrühren. 800 ml Wasser zugießen, zum Sieden bringen und alles 20 Minuten köcheln lassen. Den restlichen nicht geraspelten Blumenkohl einrühren, 10 Minuten köcheln lassen, anschließend 200 g TK-Spinat einrühren und weitere 5 Minuten köcheln lassen. Alles durch ein Sieb gießen. Die Bouillon abkühlen lassen. **→ DOSE → GEFRIERTRUHE**
TEIGTASCHEN Das Bouillongemüse mit einer Gabel zerdrücken, salzen und pfeffern. Nun die Teigtaschen formen (insgesamt 16–20 Stück): Jedes Blatt Filoteig mit Olivenöl einpinseln und in der Mitte durchschneiden. Der Länge nach zu einem Streifen zusammenklappen, 1 Löffel Gemüsemischung 2 cm von einem Ende entfernt auf den Teig setzen. Den Teig diagonal so aufrollen, dass Teigtaschen entstehen. Diese auf ein mit Backpapier belegtes Backblech legen. Sobald alle Teigtaschen fertig sind, 20 Minuten bei 180 °C im Ofen backen. Abkühlen lassen. **→ DOSE → GEFRIERTRUHE**

6. Gemüse für den Reis (Fortsetzung)

5 Min.

Die Gemüsemischung für den Reis aus Punkt 5 abkühlen lassen. ½ TL Koriandersamen und ½ TL Kreuzkümmelsamen untermischen. **→ DOSE → KÜHLSCHRANK**

7. Kuchen

20 Min.

KAROTTENKUCHEN Backofen auf 160 °C vorheizen. 240 g Mehl in einer Schüssel mit 1 ½ TL Backpulver, 30 ml neutralem Öl, 1 TL Zimt oder Viergewürz, 1 TL Salz, 75 g Kokosraspeln, 75 g Walnusskernen, den geraspelten Karotten, 2 ganzen Eiern und 1 Eigelb mit dem Handrührgerät vermischen. 3 Eiweiß in einer Schüssel steif schlagen. Braunen Zucker zugeben und weiterschlagen, damit die Mischung schön fest wird. Den Eischnee unter den Teig heben. Teig in die gefettete Kastenform gießen und etwa 1 Stunde im Ofen backen.
GLASUR 100 g Butter im Voraus aus dem Kühlschrank nehmen. Die Butter in einer Schüssel lange mit dem Puderzucker verschlagen, dann den Frischkäse untermischen. Kühl stellen, bis der Kuchen damit überzogen wird. **→ DOSE → KÜHLSCHRANK**

Woche 05

Montag

Shakshuka mit Fetakäse, dazu Brot

Fertig in 15 Min., davon 10 Min. Küchenarbeit

Brot vorsehen. Die Shakshuka-Sauce in einer Pfanne aufwärmen. Die Sauce so zusammenschieben, dass 4 freie Stellen entstehen. 4 Eier dort hinein aufschlagen und 8–10 Minuten zugedeckt garen, bis das Eiweiß gestockt ist. Mit Salz und Pfeffer würzen, mit 80g zerbröckeltem Fetakäse und einigen Minzeblättern bestreuen. Die Schalotten-Knoblauch-Gewürz-Mischung aufteilen, nach Belieben etwas Joghurt zugeben. Zur Shakshuka Brot und mit Olivenöl und Zitronensaft angemachten Salat servieren.

Gebratene Rote Bete mit Fetakäse, Orangen und Linsen

Fertig in 15 Min., davon 10 Min. Küchenarbeit

Die Roten Beten im Backofen bei 160 °C 10 Minuten aufwärmen und in Scheiben schneiden.
Auf einer Servierplatte oder auf den Tellern ¼ der Linsen und den Bulgur verteilen und mit etwas Orangensauce würzen. Darüber 1 filetierte Orange und die Rote-Bete-Scheiben verteilen. Mit Kürbiskernen, etwas Petersilie und 60 g zerbröckeltem Fetakäse bestreuen und die Fetasauce dazu reichen.

Mittwoch

Penne bolognese vegetarisch

Fertig in 15 Min., davon 10 Min. Küchenarbeit

Die vegetarische Sauce bolognese in einem Topf aufwärmen. 20 g Butter und 20 g geriebenen Parmesan unterrühren. Nudeln in einem Topf mit kochendem Salzwasser nach Packungsangabe bissfest garen. Dann durch ein Sieb abgießen (Kochwasser dabei auffangen) und mit 120 ml Kochwasser in die Sauce geben. Etwa 3 Minuten köcheln lassen, dann mit etwas Salz und Zitronenabrieb abschmecken. Mit dem restlichen geriebenen Parmesan und gehackter Petersilie bestreuen.

Spinat-Linsen-Reis mit Gewürzen und Joghurt

Fertig in 15 Min., davon 10 Min. Küchenarbeit

Die Gemüsemischung für den Reis in einem Topf aufwärmen. Den Reis einrühren, die 1 ½-fache Menge Wasser zugießen. Alles aufkochen lassen und Reis 11 Minuten garen. Die restlichen Linsen mit dem restlichen TK-Spinat und 15 g Butter in einem Topf erwärmen. In einer Pfanne ohne Fett die restlichen 25 g Kokosraspel rösten. Achtung, sie verbrennen sehr schnell. Wenn sie goldgelb sind, sofort in ein Schüsselchen umfüllen. Wenn der Reis fertig ist, Linsen-Spinat-Mischung dazugeben, alles mischen und mit etwas Minze, gehackter Petersilie, Kokosraspeln und Joghurt servieren.

FÜR FREITAG Bouillon und Teigtaschen zum Auftauen in den Kühlschrank stellen.

Freitag

Bouillon mit Champignons und Miso, Teigtaschen mit Gemüsefüllung

Fertig in 15 Min., davon 5 Min. Küchenarbeit

TEIGTASCHEN Backofen auf 160 °C vorheizen. Die Teigtaschen etwa 10 Minuten im Ofen aufwärmen.
BOUILLON in einem Topf aufwärmen. Mit gehackten Kräutern garnieren, falls noch welche übrig sind.

Karottenkuchen

Fertig nach 10 Min. Küchenarbeit

Den Kuchen mit der Glasur verzieren. Dazu entweder nur die Oberseite damit bestreichen oder den Kuchen waagerecht aufschneiden, in der Mitte mit Glasur bestreichen und wieder zusammensetzen.

Woche 06

Montag
Ofenkäse mit Kartoffeln

Dienstag
Salat aus gebratenem Gemüse und Blattsalat

Mittwoch
Spinat-Ricotta-Lasagne

Donnerstag
Bulgur mit Wintergemüse

Freitag
Selleriesuppe, dazu Brot mit Birne und Gorgonzola

Bonus-Rezept
Porridge und Chai-Tee

ZEITAUFWAND

1 STD. 50 MIN. KÜCHENARBEIT

JAHRESZEIT WINTER

Außerhalb der Jahreszeit nehmen Sie junges Gemüse für den Bulgur (Karotten, weiße Rüben, Zucchini) und als gebratenes Gemüse im Salat.

PRAKTISCHER TIPP

Für die Lasagne können Sie auch noch anderes gekochtes Gemüse verwenden,
Sie können sogar eine Schicht gekochte und im Mixer zerkleinerte grüne Linsen vorsehen.
So wird das Gericht noch eiweißreicher.

SIE MÖGEN KEINEN

Gorgonzola: durch Tomme ersetzen

BONUS
DONNERSTAG
MONTAG
FREITAG
DIENSTAG
MITTWOCH

Woche 06

Die Einkäufe

Obst, Gemüse und Kräuter

- ❑ 1 Stange Lauch
- ❑ 5 Karotten
- ❑ 1 großer oder 3 kleine Knollensellerie
- ❑ ein Dutzend Grünkohlblätter
- ❑ 1 Salat (Endivie, Frisée oder gemischte Winterblattsalate)
- ❑ 600 g Butternut-Kürbis
- ❑ 1 kg kleine festkochende Kartoffeln
- ❑ 4 cm frischer Ingwer
- ❑ 1 Bund glatte Petersilie
- ❑ 1 kleines Bund Koriander
- ❑ 4 Zwiebeln
- ❑ 9 Knoblauchzehen
- ❑ ½ Granatapfel
- ❑ 1 Bio-Zitrone
- ❑ 1 Bio-Orange
- ❑ 2 nicht zu reife Birnen

Tiefgekühlt

- ❑ 600 g TK-Spinat

Frisch

- ❑ 1 Mont d'Or (Weichkäse aus Kuhmilch) oder anderer Ofenkäse
- ❑ 75 g Butter
- ❑ 250 g Gorgonzola
- ❑ 200 g Ricotta
- ❑ 1 l Milch

Sonstiges

- ❏ 30 g eingelegte Zitrone
- ❏ 100 g Haselnusskerne
- ❏ ½ Packung Lasagneblätter (250 g)
- ❏ 340 g Bulgur
- ❏ 100 ml Tahin
- ❏ 4 Medjool-Datteln (ohne Stein)
- ❏ 2 EL schwarzer Tee
- ❏ 300 g gekochte Kichererbsen
- ❏ 100 g Haferflocken
- ❏ 2 EL Tomatenmark
- ❏ 2 EL Pinienkerne
- ❏ 1 kleines Glas Weißwein

Vom Bäcker

- ❏ 1 Brot

Aus dem Vorratsschrank

- ❏ Senf
- ❏ 1 Sternanis
- ❏ Muskatnuss
- ❏ 40 g Mehl
- ❏ Olivenöl
- ❏ Chilipulver oder Chiliflocken
- ❏ 6 Gewürznelken
- ❏ Honig oder Ahornsirup
- ❏ 1 TL Kreuzkümmelsamen
- ❏ 2 Zimtstangen
- ❏ 2 Pfefferkörner
- ❏ 8 Kardamomkapseln
- ❏ Salz, Pfeffer

Woche 06

Sonntag

1. Vorbereitende Arbeiten

20 Min.

Kräuter waschen, trocken schütteln und Blättchen abzupfen. ⅔ der Petersilie und die Hälfte des Korianders aufbewahren
➜ DOSE ➜ KÜHLSCHRANK
Kartoffeln sauber bürsten.
➜ DOSE ➜ KÜHLSCHRANK
Karotten und Sellerie schälen. Sellerie in Stücke schneiden. 1 Karotte fein hacken, die restlichen in Stifte schneiden.
Kürbis waschen, Kerne entfernen, Fruchtfleisch in Spalten schneiden.
Grünkohlblätter trennen, waschen und gründlich trocknen. Die harten Stängel entfernen.
Salat waschen, in Blätter teilen und trocken schütteln. **➜ BEUTEL ➜ KÜHLSCHRANK**
Zwiebeln schälen und hacken.
6 Knoblauchzehen schälen.
Die harten oder erdigen Teile vom Lauch abschneiden, Lauchstange der Länge halbieren, gründlich waschen, dann in sehr dünne Streifen schneiden.
Kichererbsen in ein Sieb abgießen und spülen. ⅓ davon aufbewahren.
➜ DOSE ➜ KÜHLSCHRANK

2. Vinaigrette

5 Min.

In ein Schraubglas 2TL Senf, 1 EL Zitronensaft, etwas abgeriebene Zitronenschale, etwas geriebenen Knoblauch, Salz und Pfeffer und 3 EL Olivenöl geben. Gefäß verschließen und kräftig schütteln. **➜ GLASGEFÄSS ➜ KÜHLSCHRANK**

3. Salat aus gebratenem Gemüse

20 Min.

SAUCE 100 ml Tahin, 75 ml Wasser, Saft von ½ Granatapfel (Zitronenpresse), 2 EL Zitronensaft, 1 Knoblauchzehe und die nicht eingepackte Petersilie in einem Standmixer pürieren. **➜ SCHRAUBGLAS ➜ KÜHLSCHRANK**

GRÜNKOHLCHIPS Backofen auf 180 °C vorheizen. Die Grünkohlblätter auf ein mit Backpapier belegtes Backblech legen, mit Olivenöl beträufeln und salzen. 10 Minuten im Ofen backen, bis die Blätter knusprig sind. Abkühlen lassen. **➜ DOSE ➜ VORRATSSCHRANK**

HASELNÜSSE auf einem Backblech verteilen und 7 Minuten auf der oberen Einschubleiste im Ofen rösten. **➜ DOSE ➜ VORRATSSCHRANK**

BULGUR In einem Topf Bulgur mit der 1 ½-fachen Menge kochendem Salzwasser garen. Abkühlen lassen. **➜ DOSE ➜ KÜHLSCHRANK**

GEMÜSE ZUM BRATEN ¼ vom Sellerie und den Kürbis in einer Schüssel vermischen, mit 2 EL Olivenöl, 2 nicht geschälten zerdrückten Knoblauchzehen, Salz und Pfeffer würzen. **➜ DOSE ➜ KÜHLSCHRANK**

4. Lasagne

20 Min.

400 g TK-Spinat in einer Pfanne mit 15 g Butter und etwas Salz auftauen. Mit der Hälfte des Ricotta mischen.

BECHAMELSAUCE zubereiten: 500 ml Milch langsam in einem Topf erwärmen. 40 g Butter in einem Topf zerlassen. Topf vom Herd nehmen, Mehl einrühren, Topf wieder auf den Herd stellen und unter Rühren nach und nach die lauwarme Milch zugießen. Unter ständigem Rühren aufkochen. Sauce mit Salz, Pfeffer und geriebener Muskatnuss abschmecken.

In einer ofenfesten Form abwechselnd Lasagneblätter, Spinat und restlichen Ricotta einschichten und mit Bechamelsauce bedecken. Mit Pinienkernen bestreuen. 30 Minuten bei 180 °C im Ofen backen. Abkühlen lassen.

→ MIT FRISCHHALTEFOLIE ABDECKEN → KÜHLSCHRANK

5. Bulgur

20 Min.

GEMÜSE 2 EL Olivenöl in einem Topf oder Schmortopf erhitzen, die Hälfte der Zwiebeln darin 6–7 Minuten bei mittlerer Hitze anbraten, 4 Knoblauchzehen und 2 cm geschälten, geriebenen Ingwer zugeben, 1 Minute braten. Kreuzkümmelsamen und die Samen von 3 Kardamomkapseln zugeben, rühren. Die Karottenstifte, Chilipulver, anschließend 200 ml Wasser, Tomatenmark, die Zesten einer Orange, 1 Zimtstange, 200 g Kichererbsen, 2 gehackte Datteln unterrühren und alles 20 Minuten köcheln lassen. Abkühlen lassen.

→ DOSE → KÜHLSCHRANK

SAUCE AUS EINGELEGTER ZITRONE UND KORIANDER Den nicht eingepackten Koriander mit der eingelegten Zitrone, etwas Chilipulver und 1 EL Olivenöl in einer Schüssel vermischen. **→ SCHRAUBGLAS → KÜHLSCHRANK**

6. Suppe

15 Min.

In einem Topf mit 20 g Butter den Lauch, die gehackte Karotte und die restlichen Zwiebeln 6–7 Minuten bei milder Hitze anbraten. Den restlichen Sellerie zugeben, 5 Minuten braten. 200 ml Wasser zugießen, Deckel aufsetzen und Suppe etwa 20 Minuten köcheln lassen, bis der Sellerie weich ist. Mit dem Stabmixer pürieren. Abkühlen lassen. **→ DOSE → GEFRIERTRUHE**

7. Chai-Tee

10 Min.

2 cm geschälten, klein geschnittenen Ingwer, die Gewürznelken, 2 Pfefferkörner, 5 Kardamomkapseln, Sternanis und 1 Zimtstange in einen kleinen Topf geben. Mit einem kleineren Topf oder dem Boden eines Schraubglases zerdrücken. 1 l Wasser zugießen, aufkochen, dann die Hitze reduzieren und alles etwa 10 Minuten köcheln lassen. Aus dieser Grundlage lässt sich nun jederzeit ein Chai-Tee zubereiten. Abkühlen lassen.

→ DOSE → KÜHLSCHRANK

Woche 06

Montag

Ofenkäse mit Kartoffeln

Fertig in 40 Min., davon 10 Min. Küchenarbeit

MONT D'OR (OFENKÄSE) Backofen auf 225 °C vorheizen. Die Käseschachtel öffnen, in die Oberseite des Käses ein Loch einstechen, den Weißwein hineingießen, kleine Schnitte in die Oberfläche machen und sehr dünne Knoblauchscheiben hineinstecken (von 1 Zehe). Käse 25 Minuten im Ofen backen.
KARTOFFELN In einen Topf Kartoffeln und kaltes Salzwasser geben, aufkochen und Kartoffeln in 25–30 Minuten weich kochen.
SALAT (die Hälfte für Dienstag und für die Lasagne am Mittwoch aufheben) mit der Vinaigrette anmachen, mit einigen Haselnüssen bestreuen. Zusammen mit dem Käse und den Kartoffeln servieren.

Salat aus gebratenem Gemüse und Blattsalat

Fertig in 40 Min., davon 10 Min. Küchenarbeit

GEBRATENES GEMÜSE Backofen auf 200 °C vorheizen. Den zum Braten vorbereiteten Sellerie und Kürbis in eine ofenfeste Form oder auf ein Backblech legen und etwa 25 Minuten im Ofen garen, bis das Gemüse weich und leicht geröstet ist. ⅔ Drittel vom Kürbis für Donnerstag aufheben.

BULGUR In einer Pfanne ⅓ des Bulgurs aufwärmen und leicht anbraten. Den Bulgur auf einer Platte verteilen, mit dem gebratenen Gemüse, den Grünkohl-Chips, einigen Haselnüssen (ein paar für Freitag aufheben), einigen Salatblättern (noch etwas für Mittwoch aufheben), Tahin-Sauce und den restlichen Kichererbsen anrichten. Mit etwas Koriander und Petersilie bestreuen.

Woche 06

Mittwoch

Spinat-Ricotta-Lasagne

Fertig in 20 Min., davon 5 Min. Küchenarbeit

Die Lasagne bei 160 °C im Backofen aufwärmen. Den restlichen Salat in einer Schüssel mit etwas Vinaigrette anmachen und zur Lasagne servieren.

Bulgur mit Wintergemüse

Fertig in 20 Min., davon 5 Min. Küchenarbeit

Das Gemüse in einem Topf aufwärmen, dabei die dafür aufbewahrte Kürbismenge und den übrigen Spinat zugeben. Den restlichen Bulgur in einer Pfanne aufwärmen. Mit der Mischung aus eingelegter Zitrone und etwas Koriander servieren.

FÜR FREITAG Die Suppe zum Auftauen in den Kühlschrank stellen. Brot einplanen.

Woche 06 Freitag

Selleriesuppe, dazu Brot mit Birne und Gorgonzola

Fertig in 20 Min., davon 10 Min. Küchenarbeit

Die Suppe in einem Topf aufwärmen. Nach Belieben mit Wasser auf die gewünschte Konsistenz verdünnen. Getoastete Brotscheiben mit Gorgonzola und Birnenspalten (Birne zuvor waschen, entkernen und in Spalten schneiden) belegen, mit Haselnüssen und etwas Petersilie bestreuen.

Bonus-Rezept

Woche 06

Porridge und Chai-Tee

Fertig nach 10 Min. Küchenarbeit

CHAI-TEE Das Wasser mit den Gewürzen abseihen und in einem Topf erhitzen. Sobald es kocht, den Topf vom Herd nehmen und den schwarzen Tee hineingeben und ziehen lassen. 200 ml Milch in einem Topf erwärmen und mit dem fertig gezogenen, abgeseihten Tee mischen, nach Belieben leicht zuckern. Zum Frühstück servieren.

PORRIDGE 200 ml Milch und 200 ml Wasser in einem Topf erhitzen. 1 Prise Salz zugeben. Wenn die Flüssigkeit kocht, die Haferflocken einstreuen. Sobald die Mischung kocht, die Hitze reduzieren, 2 klein geschnittene Datteln einrühren und alles köcheln lassen, bis ein dicker Brei entstanden ist. Mit Honig oder Ahornsirup süßen. Sofort zum Frühstück servieren.

Woche 07

ZEITAUFWAND

2 STD. KÜCHEN-ARBEIT +
1½ STD. RUHEZEIT +
24–36 STD. ABTROPFZEIT

JAHRESZEIT FRÜHLING

Außerhalb der Jahreszeit den Spargel durch Wurzelgemüse ersetzen, das in lange Stifte geschnitten und 20 Minuten im Backofen geröstet wird.

Montag

Gebratener Spargel und wachsweiche Eier, dazu Fenchel-Orangen-Salat mit Quinoa

Dienstag

Nudeln in Bouillon

Mittwoch

Pizza mit karamellisiertem Fenchel und Mozzarella

Donnerstag

Linsensalat, selbst zubereiteter Labneh mit Gewürzen, Dip-Gemüse

Freitag

Sämige Frühlingssuppe mit Erbsen und Dicken Bohnen, dazu geröstetes Knoblauchbrot mit Ricotta-Aufstrich

Bonus-Rezept

Walisische Kekse

PRAKTISCHER TIPP

Labneh ist eine Art gründlich abgetropfter Joghurt: Die Herstellung dauert zwar etwas, ist jedoch sehr einfach, und das Ergebnis ist wunderbar cremig und lecker.

SIE MÖGEN KEINEN

Fenchel: im Salat durch Rote Bete und auf der Pizza durch Zwiebeln ersetzen

Für die Aufbewahrung

1 Beutel
4 Behältnisse mit ca. 300 ml Fassungsvermögen
11 Behältnisse mit ca. 750 ml Fassungsvermögen
2 Behältnisse mit ca. 1½ l Fassungsvermögen

Kochutensilien

2 Backbleche
2 Schmortöpfe oder Töpfe
1 Pfanne
1 Pfanne mit dickem Boden, am besten aus Gusseisen
1 Stück Gaze oder ein dünnes Geschirrtuch

MITTWOCH
DIENSTAG
FREITAG
BONUS
MONTAG
DONNERSTAG

Woche 07

Die Einkäufe

Obst, Gemüse und Kräuter

- ❏ 500 g grüner Spargel
- ❏ 3 Fenchelknollen
- ❏ 200 g Zuckerschoten
- ❏ 1 kleiner Blumenkohl
- ❏ 150 g junger Mangold, junger Portulak oder Babyspinat
- ❏ 7 junge Karotten
- ❏ 2 Köpfe Pak Choi oder 500 g TK-Spinat
- ❏ 500 g enthülste oder TK-Erbsen
- ❏ 4 cm frischer Ingwer
- ❏ 6 Knoblauchzehen
- ❏ 1 Bund glatte Petersilie
- ❏ 2 Bio-Orangen
- ❏ 2 Bio-Zitronen
- ❏ 1 Limette

Tiefgekühlt

- ❏ 200 g TK geschälte Dicke Bohnen

Frisch

- ❏ 300 g Mozzarella
- ❏ 500 g Naturjoghurt
- ❏ 500 g Ziegenjoghurt
- ❏ 5 Eier
- ❏ 200 g Ricotta
- ❏ 200 g fester Tofu, natur
- ❏ 185 g Butter

Sonstiges

- ❏ 50 g schwarze Kalamata-Oliven (ohne Stein)
- ❏ 4 oder 5 getrocknete Shiitakepilze (nach Belieben)
- ❏ 200 g chinesische Nudeln
- ❏ 2 Päckchen Gemüsebrühepulver
- ❏ 1 Päckchen Trockenhefe oder 15 g frische Backhefe
- ❏ ½ TL Backpulver
- ❏ 150 g Quinoa
- ❏ 150 g grüne oder schwarze Linsen
- ❏ 80 g Rosinen
- ❏ 2 EL Sesamsamen
- ❏ 100 g Mandeln oder Pistazien

Vom Bäcker

- ❏ 1 Brot

Aus dem Vorratsschrank

- ❏ Olivenöl
- ❏ Sesamöl
- ❏ 80 g brauner Zucker + 2 Prisen
- ❏ 700 g Mehl + etwas zum Ausrollen
- ❏ Honig
- ❏ Zucker
- ❏ Senf
- ❏ Sojasauce
- ❏ 1 Prise geräuchertes Paprikapulver
- ❏ Chiliflocken oder Chilipulver
- ❏ ½ TL Viergewürz oder Muskatnuss und Zimt
- ❏ 2 TL Zatar-Gewürzmischung
- ❏ Salz, Pfeffer

Woche 07

Sonntag

1. Vorbereitende Arbeiten

20 Min.

Jungen Mangold (oder Portulak oder Spinat) waschen und trocken schütteln. **→ BEUTEL → KÜHLSCHRANK**
Petersilie waschen, trocken schütteln und die Blättchen abzupfen. Die Hälfte aufbewahren. **→ DOSE → KÜHLSCHRANK**
Blumenkohl waschen, die Röschen abtrennen. Die Hälfte davon mit 1 EL Olivenöl, Salz und Pfeffer mischen. **→ DOSE → KÜHLSCHRANK**
Auch die andere Hälfte aufbewahren. **→ DOSE → KÜHLSCHRANK**
1 Knoblauchzehe schälen.
Linsen in einem Sieb gut spülen.
Spargel waschen, das harte Ende unten abschneiden. **→ DOSE → KÜHLSCHRANK**
2 junge Karotten abbürsten und schälen, die Schalen aufheben.
Pak Choi waschen (falls verwendet), die einzelnen Blätter abtrennen, stapeln und in 3 oder 4 Stücke schneiden. **→ DOSE → KÜHLSCHRANK**
Fenchel waschen und senkrecht in sehr dünne Scheiben schneiden, wenn möglich mit einem Gemüsehobel. In eine Schüssel mit Wasser, etwas Zitronensaft und Eiswürfeln legen. **→ DOSE → KÜHLSCHRANK**
In einer heißen Pfanne ohne Fett die Mandeln (oder Pistazien) unter Rühren rösten. Darauf achten, dass sie nicht anbrennen.
Die restlichen Karotten waschen, das Grün etwas kürzen. Karotten der Länge nach vierteln. **→ DOSE → KÜHLSCHRANK**

2. Pizza

15 Min.

TEIG 300 ml lauwarmes Wasser bereitstellen. In einer Tasse 100 ml davon mit der Hefe verrühren, ein paar Minuten warten. 450 g Mehl in einer Schüssel mit 1 TL Salz mischen, in die Mitte eine Mulde drücken und die Hefemischung, 2 EL Olivenöl und weitere 150 ml Wasser hineingießen. Mit dem Handrührgerät verrühren, bei Bedarf mehr lauwarmes Wasser zugeben. Teig 10 Minuten kneten. Dann mit einem Geschirrtuch bedeckt 1 ½ Stunden gehen lassen.
KARAMELLISIERTER FENCHEL ⅔ des Fenchels abtropfen und auf einem Geschirrtuch gut trocknen lassen. 2 EL Olivenöl bei mittlerer Hitze in einer Pfanne erwärmen und die Fenchelscheiben darin anbraten. Salzen, 1 Prise Zucker zugeben, verrühren. Pfanne vom Herd nehmen, Fenchel abkühlen lassen. **→ DOSE → KÜHLSCHRANK**

3. Salat

15 Min.

ORANGENSAUCE In ein Schraubglas 2 TL Senf, 1 EL Zitronensaft, 2 EL Orangensaft, etwas abgeriebene Schale von beiden Zitrusfrüchten, einen Hauch geriebenen Knoblauch, 1 Msp. Honig, Salz, Pfeffer, 1 Prise geräuchertes Paprikapulver und 5 EL Olivenöl geben, Glas schließen und kräftig schütteln. **→ SCHRAUBGLAS → KÜHLSCHRANK**
QUINOA in einen Topf geben, die 1 ½-fache Menge kochendes Salzwasser dazugießen und zugedeckt bei milder Hitze 10 Minuten kochen lassen. Abkühlen lassen. **→ DOSE → KÜHLSCHRANK**

4. Nudeln

15 Min.

BOUILLON Die getrockneten Shiitakepilze, 1 Karotte und die Karottenschalen, 3 cm zerdrückten Ingwer, 3 ungeschälte zerdrückte Knoblauchzehen, 1 Päckchen Brühepulver und 1 kleine Prise Chilipulver in einen Topf geben und 1 ½ l kaltes Wasser angießen. Aufkochen, dann Hitze reduzieren und Brühe etwa 1 Stunde köcheln lassen (inzwischen den Rest zubereiten). Brühe abkühlen lassen und durch ein Sieb abseihen.
→ DOSE → KÜHLSCHRANK
TOFU in Würfel schneiden. **→ DOSE → KÜHLSCHRANK**
SAUCE Restlichen geschälten Ingwer und etwas Knoblauch (den Rest der Zehe, die für die Salatsauce verwendet wurde) reiben, in einer Schüssel mit 2 EL Sojasauce, 1 Prise Zucker, 2 EL Wasser und 1 Prise Chiliflocken vermischen. **→ DOSE → KÜHLSCHRANK**

5. Linsen und Labneh

20 Min.

LABNEH Die Gaze oder das dünne Geschirrtuch in ein Sieb legen. In einer Schüssel 350 g Naturjoghurt und 500 g Ziegenjoghurt mit einem Löffel verrühren, ½ TL Salz zugeben. Diese Mischung auf den Stoff gießen und den Stoff zu einem Bündel verschließen. An einem Holzlöffel über einen Topf/eine Schüssel hängen. 24–36 Stunden bei Zimmertemperatur abtropfen lassen. Anschließend die Masse in ein Behältnis umfüllen. **→ DOSE → KÜHLSCHRANK**
LINSEN mit reichlich kaltem Wasser und 1 ganzen Karotte in einen Topf geben und 20 Minuten köcheln lassen, dann durch ein Sieb abgießen und abtropfen lassen. Abkühlen lassen. **→ DOSE → KÜHLSCHRANK**
ZATAR MIT MANDELN Die gerösteten Mandeln oder Pistazien hacken, dann mit dem Zatar mischen. **→ GLASGEFÄSS → VORRATSSCHRANK**

6. Suppe

10 Min.

Erbsen und Dicke Bohnen mit 2 EL Olivenöl in einen Topf geben, 5 Minuten braten, dann mit Wasser bedecken, 1 Päckchen Gemüsebrühepulver einrühren. Suppe 10 Minuten kochen lassen, dann die nicht eingepackte Petersilie und 100–150 g Joghurt einrühren und alles mit dem Stabmixer pürieren. Abkühlen lassen. **→ DOSE → GEFRIERTRUHE**

7. Walisische Kekse

20 Min.

225 g Mehl in einer Schüssel mit ½ TL Backpulver, 1 großen Prise Salz und ½ TL Viergewürz mischen. 170 g in Stücke geschnittene Butter zugeben und mit den Fingerspitzen mit dem Mehl verkneten. 1 Ei, den braunen Zucker und die Rosinen einarbeiten, ohne den Teig zu sehr zu bearbeiten. Teig auf einer bemehlten Arbeitsfläche mit dem Teigroller etwa 1 cm dick ausrollen. Mit einer Ausstechform Kreise ausstechen. Diese auf ein Brett oder Blech legen. **→ MIT FRISCHHALTEFOLIE ABDECKEN → GEFRIERTRUHE** Sobald die Kekse gefroren sind, in einen Beutel umfüllen, so nehmen sie weniger Platz weg.

8. Pizza (Fortsetzung)

5 Min.

Teig ausrollen und auf ein Blech legen. **→ MIT FRISCHHALTEFOLIE ABDECKEN → GEFRIERTRUHE**

Woche
07

Montag

Gebratener Spargel und wachsweiche Eier, dazu Fenchel-Orangen-Salat mit Quinoa

Fertig in 20 Min., davon 10 Min. Küchenarbeit

SPARGEL Backofen auf 200 °C vorheizen. Spargel auf ein Backblech legen, mit Olivenöl beträufeln, salzen, pfeffern und ca. 10 Minuten auf der oberen Einschubleiste im Ofen braten und leicht bräunen.

SALAT Von 1 Orange Schale und weiße Haut abschälen, Frucht in Scheiben schneiden. Den restlichen Fenchel abtropfen lassen, in einer Schüssel mit den Orangenscheiben und der Quinoa mischen. Mit etwas von der Orangensauce (für Donnerstag etwas davon aufheben) anmachen und mit Sesam bestreuen. 4 Eier in einem Topf mit kochendem Wasser in 5 Minuten wachsweich garen, schälen und mit Spargel und Salat servieren.

Dienstag

Woche 07

Nudeln in Bouillon

Fertig in 20 Min., davon 10 Min. Küchenarbeit

Nudeln in einem Topf mit Wasser laut Packungsangabe kochen. In einem anderen Topf die Bouillon aufwärmen. Pak Choi darin 5 Minuten bissfest garen (oder TK-Spinat darin auftauen). In einer Pfanne etwas Sesamöl erhitzen und darin die gewaschenen Zuckerschoten kurz anbraten, herausnehmen, dann den Tofu in dem Öl anbräunen. Mit der Sauce begießen und vorsichtig umrühren. Die Nudeln durch ein Sieb abgießen und in der Bouillon servieren. Zuckerschoten und Tofu dazu reichen und mit einigen Tropfen Limettensaft beträufeln.

FÜR MITTWOCH Pizzateig zum Auftauen in den Kühlschrank stellen.

Woche 07 Mittwoch

Pizza mit karamellisiertem Fenchel und Mozzarella

Fertig in 30 Min., davon 10 Min. Küchenarbeit

PIZZA Backofen auf 240 °C vorheizen. Den Teig mit dem karamellisierten Fenchel und Mozzarellascheiben belegen, mit 50 g klein geschnittenem Mangold bestreuen und ca. 10 Minuten in den Ofen schieben. Mit klein geschnittenen Oliven garnieren.
BLUMENKOHL FÜR DONNERSTAG Den heißen Backofen dafür nutzen, den gewürzten Blumenkohl zu braten. Temperatur auf 200 °C herunterschalten und den Blumenkohl in einer ofenfesten Form 20 Minuten in den Ofen stellen. Abkühlen lassen.
→ SCHRAUBGLAS → KÜHLSCHRANK

Donnerstag

Woche 07

Linsensalat, selbst zubereiteter Labneh mit Gewürzen, Dip-Gemüse

Fertig in 20 Min., davon 10 Min. Küchenarbeit

LABNEH in einen tiefen Teller legen, mit Olivenöl und etwas Zitronensaft (Rest für Freitag aufheben) beträufeln und mit Mandel-Zatar bestreuen.

LINSENSALAT Die Linsen in einer Schüssel mit etwas gehackter Petersilie und der restlichen Orangensauce mischen. Einige rohe Blumenkohlröschen über den Salat raspeln und den restlichen Mangold und den gebackenen Blumenkohl untermischen. Alles zusammen mit den jungen Karotten und den restlichen rohen Blumenkohlröschen servieren.

FÜR FREITAG Die Suppe zum Auftauen in den Kühlschrank stellen. Brot einplanen.

Woche 07 Freitag

Sämige Frühlingssuppe mit Erbsen und Dicken Bohnen, dazu geröstetes Knoblauchbrot mit Ricotta-Aufstrich

Fertig in 20 Min., davon 10 Min. Küchenarbeit

Die Suppe in einem Topf bei milder Hitze aufwärmen. Brotscheiben im Toaster leicht anrösten, mit den restlichen geschälten Knoblauchzehen einreiben und mit Ricotta bestreichen. Mit etwas gehackter Petersilie und Zitronenzesten bestreuen. Pfeffern. Brote zur Suppe reichen.

Walisische Kekse

Fertig in 15 Min., davon 10 Min. Küchenarbeit

Eine Pfanne (am besten aus Gusseisen mit dickem Boden) auf mittlerer Stufe erhitzen und mithilfe eines Küchenpapiers mit Butter einfetten. Hitze etwas reduzieren und die Kekse darin jeweils ca. 10 Minuten backen, dabei einmal wenden. Sie sollen von beiden Seiten goldgelb und innen weich sein. Für Schleckermäuler mit etwas zusätzlicher Butter sofort servieren.

Woche 08

Montag
Herzhafte Arme Ritter,
dazu Salat

Dienstag
Nudeln in Zitronen-Rosmarin-Creme

Mittwoch
Quiche mit geräuchertem Tofu

Donnerstag
Weizen mit Zuckerschoten
nach Art eines Risottos

Freitag
Frühlingsminestrone

Bonus-Rezept
Hausgemachte Müsliriegel
mit roten Beeren

ZEITAUFWAND

2 STD. KÜCHEN-ARBEIT

JAHRESZEIT FRÜHLING

Außerhalb der Jahreszeit die Minestrone (und den Weizen-»Risotto«) mit Wurzelgemüse zubereiten.

PRAKTISCHER TIPP

Arme Ritter schmecken in dieser herzhaften Variante sehr gut. Dabei sind Ihrer Fantasie hinsichtlich der Gemüse- oder Pesto-Sorten keine Grenzen gesetzt.

SIE MÖGEN KEINEN

Weizen: Dann bereiten Sie einen klassischen Risotto mit Reis, Butter oder Sahne und Parmesan zu.

Für die Aufbewahrung

1 Beutel
5 Behältnisse mit ca. 300 ml Fassungsvermögen
1 Behältnis mit ca. 750 ml Fassungsvermögen
1 Behältnis mit ca. 1½ l Fassungsvermögen

Kochutensilien

1 Backblech
2 ofenfeste Backformen
1 Tarteform
2 Schmortöpfe oder Töpfe
1 Pfanne

DIENSTAG
BONUS
DONNERSTAG
FREITAG
MONTAG
MITTWOCH

Woche 08

Die Einkäufe

Obst, Gemüse und Kräuter

- ❏ 1 Salat oder 1 Blattsalatmischung
- ❏ 200 g Zuckerschoten
- ❏ 6 junge Karotten, möglichst mit Grün
- ❏ 1 Stange Lauch
- ❏ 300 g Brunnenkresse (ersatzweise Rucola)
- ❏ 300 g junger Brokkoli
- ❏ 150 g Erbsen oder Dicke Bohnen (entspricht 350–400 g mit Schote)
- ❏ 1 Fenchelknolle
- ❏ 2 junge weiße Rüben, möglichst mit Grün
- ❏ 1 kleines Bund Kerbel
- ❏ 1 Zweig Rosmarin
- ❏ 2 Zwiebeln
- ❏ 3 Knoblauchzehen
- ❏ 4 Schalotten
- ❏ 1 Bund Schnittlauch
- ❏ 2 Bio-Zitronen
- ❏ 2 Äpfel
- ❏ 250 g Erdbeeren und/oder Himbeeren

Frisch

- ❏ 425 g gesalzene Butter
- ❏ 200 g geräucherter Tofu
- ❏ 600 ml Milch
- ❏ 160 g Parmesan
- ❏ 5 Eier
- ❏ 500 g griechischer Joghurt
- ❏ 500 ml Crème fraîche
- ❏ 50 g Comté

Sonstiges

- ❏ 1 Päckchen Gemüsebrühepulver
- ❏ 500 g kleine Nudeln (z.B. Orecchiette, Trofie)
- ❏ 50 g Pasta Risoni oder Buchstabennudeln
- ❏ 80 g geröstete Mandeln
- ❏ 100 g weiße Bohnen, gekocht oder aus der Dose
- ❏ 40 g Walnuss- oder Pekannusskerne
- ❏ 90 g Haferflocken
- ❏ 180 g Weizen oder Einkorn
- ❏ 50 g Rosinen

Vom Bäcker

- ❏ 500 g altbackenes Sauerteigbrot in Scheiben

Aus dem Vorratsschrank

- ❏ Olivenöl
- ❏ körniger Senf
- ❏ Paprikapulver
- ❏ 75 g Zucker
- ❏ 380 g Mehl + etwas zum Ausrollen
- ❏ 1 TL Backpulver
- ❏ Zimt
- ❏ Muskatnuss
- ❏ Salz, Pfeffer

Woche 08

Sonntag

1. Vorbereitende Arbeiten

25 Min.

160 g Butter in die Gefriertruhe legen. 45 g Butter aus dem Kühlschrank nehmen. Schnittlauch und Kerbel waschen und trocken schütteln. Schnittlauch hacken. Hälfte vom Kerbel hacken. Den nicht gehackten Kerbel aufbewahren.
➜ DOSE ➜ KÜHLSCHRANK
Karotten und Karottengrün waschen (welkes Grün entfernen), Karotten abbürsten oder schälen und in Würfel schneiden, das Grün fein hacken. Brunnenkresse waschen und trocken schütteln. Die Hälfte aufbewahren.
➜ DOSE ➜ KÜHLSCHRANK
Salat waschen, in Blätter zerteilen und trocken schütteln. **➜ BEUTEL ➜ KÜHLSCHRANK**
Zwiebeln, Schalotten und Knoblauch schälen. Zwiebeln und 3 Schalotten in Scheiben schneiden, 1 Schalotte ganz lassen. Käse reiben (Parmesan und Comté). Bohnen in ein Sieb abgießen und spülen. Harte Teile vom Lauch abschneiden, die Stange der Länge nach halbieren, gut waschen, dann in dünne Streifen schneiden. Fenchel waschen und würfeln. Brokkoli waschen, klein schneiden oder in kleine Röschen zerteilen.
Erdbeeren und/oder Himbeeren waschen. Weiße Rüben abbürsten, würfeln, eventuell vorhandenes Grün waschen und hacken. Erbsen oder Dicke Bohnen enthülsen.
➜ DOSE ➜ KÜHLSCHRANK
Nüsse hacken.

2. Quicheteig und Vinaigrette

20 Min.

TEIG 200 g Mehl in eine Schüssel geben. Die Butter aus der Gefriertruhe nehmen und mit einer Reibe ins Mehl raspeln, dabei hin und wieder ins Mehl eintauchen. (Bei Verwendung von ungesalzener Butter ½ TL Salz zugeben.) Die Butterspäne mit einem Tafelmesser mit dem Mehl vermischen, dann 120 ml Wasser (am besten sehr kalt, aus dem Kühlschrank) zugießen und alles mit dem Messer zu einem Teig verarbeiten. Falls nötig noch etwas Wasser zugießen. Teig zu einer Kugel formen, ohne ihn zu sehr zu bearbeiten. **➜ IN FRISCHHALTEFOLIE WICKELN ➜ KÜHLSCHRANK**

VINAIGRETTE In ein Schraubglas 2 TL körnigen Senf, 1 EL Zitronensaft, etwas Zitronenschale, etwas geriebenen Knoblauch, Salz, Pfeffer und 3 EL Olivenöl geben. Glas schließen und kräftig schütteln. **➜ SCHRAUBGLAS ➜ KÜHLSCHRANK**

3. Pesto mit Brunnenkresse und Arme Ritter

20 Min.

PESTO MIT BRUNNENKRESSE Die nicht eingepackte Brunnenkresse mit den Mandeln, der ganzen Schalotte, 3 EL Olivenöl und 2 geriebenen Knoblauchzehen in einem Standmixer pürieren. 100 g fein geriebenen Parmesan zugeben. ⅓ dieser Mischung aufbewahren. **➜ SCHRAUBGLAS ➜ KÜHLSCHRANK**

ARME RITTER Die Brotscheiben mit dem restlichen Pesto bestreichen (falls das Brot nicht altbacken ist, zuvor leicht toasten). Brokkoli in einem Topf mit kochendem Salzwasser 2 Minuten blanchieren, dann in einem Sieb abtropfen lassen. ⅓ davon für die Quiche beiseite stellen. Eine ofenfeste Form fetten. Die bestrichenen Brotscheiben abwechselnd mit dem Brokkoli in die Form geben. 200 g Joghurt in einer Schüssel mit 200 ml Crème fraîche, 600 ml Milch und 3 Eiern mit dem Schneebesen verquirlen, 1 EL körnigen Senf, Paprikapulver und den geriebenen Comté untermischen. Die Mischung über das Brot gießen. Mit Frischhaltefolie abdecken. Eine andere Backform zum Beschweren daraufstellen (das Brot soll weitgehend von der Flüssigkeit bedeckt sein). **➜ KÜHLSCHRANK**

4. Quiche

15 Min.

Backofen auf 180 °C vorheizen. Den Teig auf einer bemehlten Arbeitsfläche mit dem Teigroller ausrollen und eine Tarteform damit auslegen. Tofu in Würfel schneiden und zusammen mit dem beiseite gestellten Brokkoli auf dem Tarteboden verteilen. In einer Schüssel 300 g Joghurt mit 100 ml Crème fraîche, 2 Eiern, etwas Paprikapulver und geriebener Muskatnuss mit dem Schneebesen verquirlen. Die Hälfte vom Schnittlauch unterrühren. Mischung in die Form gießen und Quiche 35 Minuten im Ofen backen. Abkühlen lassen. → **MIT FRISCHHALTEFOLIE ABDECKEN** → **KÜHLSCHRANK**

5. Kräuter-Zitronen-Butter

5 Min.

45 g zimmerwarme Butter in einer Schüssel mit den Zesten von 1 Zitrone, dem restlichen Schnittlauch und dem gehackten Kerbel mischen. Pfeffern. Masse zu einer Rolle formen. → **IN FRISCHHALTEFOLIE WICKELN** → **KÜHLSCHRANK**

6. Minestrone und Gemüse für den Weizen-»Risotto«

20 Min.

In einem Topf 2 EL Olivenöl und 15 g Butter bei milder Hitze erwärmen. Lauch, Zwiebeln und die Schalottenscheiben darin 7–8 Minuten anschwitzen, dann die Karotten und das Karottengrün dazugeben. 4–5 Minuten unter Rühren braten, danach ⅓ der Mischung für den Weizen-»Risotto« herausnehmen.
→ **DOSE** → **KÜHLSCHRANK**
Die weißen Rüben mit Grün in den Topf geben und 3–4 Minuten unter Rühren anbraten, dann den Fenchel zugeben und weitere 3–4 Minuten braten. So viel Wasser angießen, dass das Gemüse damit bedeckt ist. Parmesanrinde, falls vorhanden, in die Suppe geben und diese 10 Minuten kochen lassen. Bohnen zugeben. Suppe abkühlen lassen. → **DOSE** → **GEFRIERTRUHE**

7. Hausgemachte Müsliriegel mit roten Beeren

15 Min.

Backofentemperatur auf 170 °C einstellen. 2 Äpfel waschen, entkernen und mit Schale raspeln. In einem großen Topf 150 g Butter zerlassen. Topf vom Herd nehmen und 180 g Mehl, 90 g Haferflocken, 75 g Zucker, 50 g Rosinen, 40 g gehackte Nüsse, 1 Prise Zimt, 1 Prise geriebene Muskatnuss und 1 TL Backpulver einrühren. Die Äpfel unterheben. Mischung auf einem mit Backpapier ausgelegten Backblech verteilen und gut festdrücken. 50–60 Minuten im Ofen backen. Die Masse soll schön bräunen. Abkühlen lassen. → **MIT FRISCHHALTEFOLIE ABDECKEN** → **KÜHLSCHRANK**

Woche 08

Montag

Herzhafte Arme Ritter, dazu Salat

Fertig in 45 Min., davon 5 Min. Küchenarbeit

Backofen auf 180 °C vorheizen. Die Form mit den Armen Rittern ca. 35 Minuten in den Ofen stellen. Mit Pesto (für Freitag etwas davon aufheben) und einem mit Vinaigrette angemachten Salat servieren (vom Salat und der Vinaigrette etwas für Mittwoch aufheben).

Nudeln in Zitronen-Rosmarin-Creme

Fertig in 15 Min., davon 10 Min. Küchenarbeit

Die kleinen Nudeln in einem Topf mit Salzwasser nach Packungsangabe bissfest kochen. Rosmarin waschen und hacken. In einem kleinen Topf 50 g Butter zerlassen, 200 ml Crème fraîche, etwas abgeriebene Zitronenschale, 2 EL Zitronensaft und den Rosmarin zugeben, aufkochen, dann die Hitze etwas reduzieren und Mischung 2 Minuten köcheln lassen. Nudeln in ein Sieb abgießen und mit der Sauce servieren. Mit dem restlichen geriebenen Parmesan bestreuen.

Quiche mit geräuchertem Tofu

Fertig in 20 Min., davon 5 Min. Küchenarbeit

Backofen auf 160 °C vorheizen und die Quiche darin 15–20 Minuten aufwärmen. Dazu den restlichen Salat in einer Schüssel mit etwas Brunnenkresse (davon für Donnerstag und Freitag etwas aufheben) mischen und mit der Vinaigrette anmachen.

Weizen mit Zuckerschoten nach Art eines Risottos

Fertig in 25 Min., davon 15 Min. Küchenarbeit

Zuckerschoten waschen und in Streifen schneiden. 600 ml Wasser mit dem Gemüsebrühepulver in einem Topf erhitzen. Die Karotte-Zwiebel-Schalotte-Mischung in einem Topf aufwärmen, den Weizen zugeben und alles gut verrühren. 1 Kelle Brühe zugießen, bei mittlerer Hitze köcheln, bis die Flüssigkeit aufgesogen ist. Den Vorgang zwei- oder dreimal wiederholen, bis der Weizen gar ist. Bei der letzten Zugabe von Brühe auch die Zuckerschoten einrühren. »Risotto« in tiefen Tellern mit 1 Scheibe Kräuter-Zitronen-Butter, einigen Kerbelblättchen und etwas Brunnenkresse servieren.

FÜR FREITAG Die Suppe zum Auftauen in den Kühlschrank stellen.

Woche 08 Freitag

Frühlingsminestrone

Fertig in 20 Min., davon 10 Min. Küchenarbeit

Die Minestrone in einem Topf aufwärmen. Die Pasta Risoni zugeben und laut Packungsangabe kochen lassen. 5 Minuten vor Ende der Kochzeit Erbsen oder Bohnen zugeben. Mit etwas Brunnenkresse-Pesto und der restlichen Brunnenkresse servieren.

Bonus-Rezept

Woche 08

Hausgemachte Müsliriegel mit roten Beeren

Fertig nach 5 Min. Küchenarbeit

Erdbeeren (große Früchte halbieren) oder Himbeeren auf dem Müsliboden verteilen und leicht zerdrücken. Teig in Quadrate schneiden. Die Riegel halten sich mit den Beeren 1–2 Tage, ohne Beeren 3 Tage.

Woche 09

Montag
Frittata, dazu Salat

Dienstag
Spaghetti aglio e olio, dazu Frühlingssalat

Mittwoch
Salat aus gebratenem Gemüse auf Hummus,
dazu selbst gebackenes Pitabrot

Donnerstag
Gebratene grüne Bohnen
mit Reis und Tofu

Freitag
Karottensuppe, dazu Brot
mit Kräuterfrischkäse

Bonus-Rezept
Erdbeereis

ZEITAUFWAND

2 STD.
KÜCHEN-
ARBEIT +

1½ STD.
RUHEZEIT

JAHRESZEIT FRÜHLING

Außerhalb der Jahreszeit grüne Bohnen, Erbsen und Dicke Bohnen durch Brokkoli ersetzen.

PRAKTISCHER TIPP

Aus TK-Früchten, die mit Sahne oder Joghurt gemixt werden, lässt sich im Handumdrehen Eis zubereiten.

SIE MÖGEN KEINEN

Lauch: durch geraspelte, gründlich trocken getupfte Zucchini ersetzen

Für die Aufbewahrung

2 Beutel
7 Behältnisse mit ca.
300 ml Fassungsvermögen
6 Behältnisse mit ca.
750 ml Fassungsvermögen
1 Behältnis mit ca.
1½ l Fassungsvermögen

Kochutensilien

1 Backblech
1 ofenfeste Backform
2 Schmortöpfe oder 2 Töpfe
1 backofentaugliche Pfanne

MONTAG
DONNERSTAG
FREITAG
DIENSTAG
MITTWOCH
BONUS

Woche 09

Die Einkäufe

Obst, Gemüse und Kräuter

- ❏ 500 g grüne Bohnen
- ❏ 12 junge Karotten
- ❏ 100 g frische Shiitakepilze oder Champignons
- ❏ 2 Stangen Lauch
- ❏ 200 g Zuckerschoten
- ❏ 1 Salat oder gemischte Blattsalate
- ❏ 250 g grüner Spargel
- ❏ einige frische Dicke Bohnen oder Erbsen
- ❏ 1 cm frische Kurkuma
- ❏ 4 cm frischer Ingwer
- ❏ 1 Bund Schnittlauch
- ❏ 10 Frühlingszwiebeln
- ❏ 1 Bund Dill
- ❏ 1 Bund Koriander
- ❏ 1 Bund glatte Petersilie
- ❏ 6 Knoblauchzehen
- ❏ 4 Schalotten
- ❏ 2 Bio-Zitronen
- ❏ 500 g Erdbeeren

Frisch

- ❏ 5 Eier
- ❏ 80 g Butter
- ❏ 60 g Parmesan
- ❏ 300 ml Crème fraîche
- ❏ 500 g Frischkäse (von Ziege oder Kuh)
- ❏ 200 g fester Tofu

Sonstiges

- ❏ 500 g Spaghetti
- ❏ 200 g Kichererbsen, gekocht oder aus der Dose
- ❏ 2 EL Tahin oder Erdnussbutter (nach Belieben)
- ❏ 250 g weißer Reis
- ❏ 120 ml trockener Weißwein oder 3 EL Mirin
- ❏ 2 EL Granatapfel-Melasse (nach Belieben)
- ❏ 80 g geröstete Mandeln
- ❏ 1 Päckchen Gemüsebrühepulver

Vom Bäcker

- ❏ 1 Brot

Aus dem Vorratsschrank

- ❏ Olivenöl
- ❏ 1 TL Backpulver
- ❏ Chiliflocken
- ❏ 1 TL Zatar-Gewürzmischung (oder Thymian, Sumach oder Kreuzkümmel)
- ❏ Senf
- ❏ 500 g Mehl
- ❏ 4 EL Sojasauce
- ❏ 15 g frische Backhefe oder 1 Päckchen Trockenhefe
- ❏ Zucker
- ❏ Salz, Pfeffer

Woche 09

Sonntag

1. Vorbereitende Arbeiten

30 Min.

Kräuter waschen und trocken schütteln, die Blättchen abzupfen. Die Hälfte des Korianders, 3 Stängel Dill, die Hälfte der glatten Petersilie und ein Viertel vom Schnittlauch hacken und mischen. Die restlichen Kräuter aufbewahren.
→ DOSE → KÜHLSCHRANK
Salat waschen, in Blätter teilen und trocken schütteln. **→ BEUTEL → KÜHLSCHRANK**
Karotten schälen und ⅔ der Karotten würfeln.
Spargel waschen, die harten Enden abschneiden. Zuckerschoten waschen.
Frühlingszwiebeln waschen und putzen.
4 Zwiebeln der Länge nach durchschneiden, 4 Zwiebeln hacken. Die restlichen beiden ganz lassen. **→ DOSE → KÜHLSCHRANK**
Spargel, die 4 ganzen Karotten, die Zuckerschoten, die 4 längs aufgeschnittenen Frühlingszwiebeln in einer Schüssel mit 2 EL Olivenöl, Salz, Pfeffer und 1 EL Granatapfel-Melasse (falls verwendet) mischen.
→ DOSE → KÜHLSCHRANK
Schalotten und Knoblauch schälen. Schalotten in dünne Scheiben schneiden.
5 Knoblauchzehen in sehr dünne Scheiben schneiden. Mit 2 EL Olivenöl und 2 Prisen Chiliflocken in einer Schüssel vermischen.
→ DOSE → KÜHLSCHRANK
Kichererbsen in ein Sieb abgießen und spülen.
Harte Stellen vom Lauch abschneiden, Stangen der Länge nach halbieren, gründlich waschen, dann in dünne Streifen schneiden.
Erdbeeren waschen und entstielen.
Grüne Bohnen waschen, die Enden abschneiden und die Fäden abziehen.
In einem Topf mit kochendem Salzwasser 5 Minuten blanchieren, in ein Sieb abgießen und sofort in Eiswasser abschrecken.
→ DOSE → KÜHLSCHRANK
Erbsen oder Dicke Bohnen enthülsen, mit ¼ der grünen Bohnen aufbewahren.
→ DOSE → KÜHLSCHRANK
Pilze säubern und hacken.
Ingwer schälen und sehr fein reiben.
Mandeln hacken. **→ DOSE → VORRATSSCHRANK**

2. Pitabrote und Hummus

30 Min.

TEIG 300 ml lauwarmes Wasser bereithalten. In einer Tasse 100 ml davon mit der Hefe verrühren, ein paar Minuten warten. 500 g Mehl in einer Schüssel mit 1 TL Salz mischen, in die Mitte eine Mulde drücken, die Hefemischung, 2 EL Olivenöl und weitere 150 ml Wasser da hineingeben. Alles mit einem Handrührgerät zu einem Teig verarbeiten, dabei falls nötig noch lauwarmes Wasser zufügen. Teig 10 Minuten kneten und dann mit einem Geschirrtuch abgedeckt 1 ½ Stunden gehen lassen.
HUMMUS Kichererbsen mit ½ geriebenen Knoblauchzehe (die Hälfte der nicht in Scheiben geschnittenen Zehe), etwas Zitronensaft, etwas Koriander und Petersilie (aus der Dose mit den nicht gehackten Kräutern), Tahin, Salz und 2 EL Olivenöl im Standmixer pürieren. Mit Knoblauch, Salz und Olivenöl abschmecken. **→ DOSE → KÜHLSCHRANK**
VINAIGRETTE 1 TL Senf, 1 EL Zitronensaft, 1 EL Granatapfel-Melasse (falls verwendet) und 6 EL Olivenöl in einer Schüssel verrühren.
→ SCHRAUBGLAS → KÜHLSCHRANK

3. Reis

20 Min.

BRÜHE 300 ml Wasser mit dem Gemüsebrühepulver in einen Topf geben und erhitzen.
TOFU Den geriebenen Ingwer in einer Schüssel mit 2 EL Wasser, 4 EL Sojasauce und dem Weißwein oder Mirin mischen. Tofu in Streifen schneiden und in einer Pfanne mit 30 g Butter anbräunen. Anschließend in die Marinade legen.
FRÜHLINGSZWIEBEL-SCHALOTTEN-LAUCH-MISCHUNG Die Schalotten, die gehackten Frühlingszwiebeln und den Lauch in 50 g Butter in einer Pfanne 7–8 Minuten bei mittlerer Hitze anschwitzen, bis das Gemüse sehr weich ist. ¾ der Mischung aus der Pfanne nehmen und für die Frittata und die Suppe aufheben.
PILZE Die Pilze mit in die Pfanne geben und 5 Minuten leicht anbraten. Die Marinade vom Tofu zugeben, 2 Minuten einkochen lassen, die Brühe angießen, weitere 5 Minuten einkochen, dann abkühlen lassen. Den Tofu dazugeben. **→ DOSE → KÜHLSCHRANK**

4. Suppe und Frittata

20 Min.

GEMÜSE FÜR DIE FRITTATA Die Frühlingszwiebel-Schalotten-Lauch-Mischung in 2 Portionen teilen. Eine Hälfte für die Frittata verwenden: mit den bereits gehackten Kräutern und der geriebenen Kurkuma mischen.
→ DOSE → KÜHLSCHRANK

SUPPE Die andere Hälfte bei mittlerer Hitze in einen Topf geben, die Karottenwürfel zugeben und unter Rühren 5 Minuten anbraten. So viel Wasser zugeben, dass alles bedeckt ist, salzen. Suppe ca. 20 Minuten kochen, dann mit dem Stabmixer pürieren. Abkühlen lassen. **→DOSE → GEFRIERTRUHE**

5. Pitabrote

10 Min.

Sobald der Teig gegangen ist, noch einmal durchkneten und in 12 gleich große Portionen teilen. Diese zu Kugeln formen. **→ BEUTEL → GEFRIERTRUHE**

6. Eis

10 Min.

Die Erdbeeren mit 200 ml Crème fraîche und etwas Zucker in einer Schüssel mit dem Stabmixer pürieren. In einer Eismaschine oder in der Gefriertruhe in einer Dose fest werden lassen. Nach 1 Stunde herausnehmen und kräftig durchrühren, Vorgang zweimal wiederholen. **→ DOSE → GEFRIERTRUHE**

Woche 09 Montag

Frittata, dazu Salat

Fertig in 15 Min., davon 10 Min. Küchenarbeit

FRITTATA Den Backofengrill vorheizen. 5 Eier in einer Schüssel mit 1 TL Backpulver, Salz und Pfeffer mit dem Schneebesen verquirlen. Die Frühlingszwiebel-Schalotten-Lauch-Kräuter-Kurkuma-Mischung zugeben. Eine backofentaugliche Pfanne erhitzen. 2 EL Olivenöl in die Pfanne geben, die Mischung hineingießen und bei mittlerer Hitze stocken lassen, bis die Unterseite gebräunt ist. Die Pfanne in den Ofen stellen und Frittata unter Beobachtung fertig backen.
SALAT Die Hälfte vom Salat mit Vinaigrette anmachen.

Spaghetti aglio e olio, dazu Frühlingssalat

Fertig in 15 Min., davon 10 Min. Küchenarbeit

Die Spaghetti in einem Topf mit Salzwasser nach Packungsangabe bissfest kochen. Den restlichen Salat in einer Schüssel mit der Mischung aus grünen Bohnen und Erbsen oder Dicken Bohnen vermengen, mit etwas gehacktem Schnittlauch bestreuen und mit Vinaigrette anmachen (noch etwas für Mittwoch aufheben). 2 EL Öl in einer Pfanne erhitzen, die Hälfte des Knoblauchs in Öl zugeben und braten, bis der Knoblauch ganz leicht gebräunt ist. Sobald die Nudeln fertig sind, in ein Sieb abgießen und in das Knoblauchöl geben. Gut verrühren und mit geriebenem Parmesan servieren.

FÜR MITTWOCH Die Teigkugeln für das Pitabrot zum Auftauen in den Kühlschrank legen.

Woche 09 Mittwoch

Salat aus gebratenem Gemüse auf Hummus, dazu selbst gebackenes Pitabrot

Fertig in 40 Min., davon 10 Min. Küchenarbeit

Backofen auf 220 °C vorheizen. Die Teigkugeln flach drücken und auf ein mit Backpapier belegtes Backblech legen. Die Spargel-Gemüse-Mischung in eine ofenfeste Form legen und 15–20 Minuten im Ofen goldbraun braten. 10 Minuten vor Ende der Bratzeit die Brote mit in den Ofen schieben, sie sollten nach 5–10 Minuten fertig sein. Den Hummus auf die Teller streichen, das Gemüse darauf verteilen, mit Zatar und gehackten Mandeln bestreuen, mit etwas Vinaigrette beträufeln und mit dem Pitabrot servieren.

Gebratene grüne Bohnen mit Reis und Tofu

Fertig in 15 Min., davon 10 Min. Küchenarbeit

REIS In einem Topf mit Salzwasser den Reis nach Packungsangabe kochen. Die Tofumischung in einem Topf aufwärmen. **GRÜNE BOHNEN** In einer Pfanne 2 EL Öl erhitzen und die grünen Bohnen darin5 Minuten braten, den restlichen Knoblauch zugeben und weitere 2–3 Minuten braten. Den Reis mit der Tofumischung und den grünen Bohnen als Beilage servieren. **FÜR FREITAG** Die Suppe zum Auftauen in den Kühlschrank stellen. Brot einplanen.

Woche 09

Freitag

Karottensuppe, dazu Brot mit Kräuterfrischkäse

Fertig in 20 Min., davon 10 Min. Küchenarbeit

Die Suppe bei milder Hitze in einem Topf aufwärmen. Die restlichen Kräuter und die 2 ganzen Frühlingszwiebeln hacken. In einer Schüssel mit dem Frischkäse und 100 ml Crème fraîche mischen, salzen und etwas Zitronenzeste zugeben. Die Käsemischung auf Brotscheiben streichen und diese zur Suppe servieren.

Bonus-Rezept

Woche 09

Erdbeereis

Bereits fertig

Das Eis 30 Minuten vor dem Servieren in den Kühlschrank stellen: pur essen oder mit Schlagsahne oder als Milchshake genießen.

Woche 10

Montag
Weiße-Bohnen-Salat
mit Zitrone und Kartoffeln

Dienstag
Auberginen mit Miso, dazu Reis

Mittwoch
Griechischer Salat,
dazu Pitabrot und Weizen

Donnerstag
Pasta mit Pesto

Freitag
Parmigiana

Bonus-Rezept
Himbeer-Clafoutis

ZEITAUFWAND

2 STD.
KÜCHEN-
ARBEIT +

1½ STD.
RUHEZEIT

JAHRESZEIT SOMMER

Außerhalb der Jahreszeit das Pesto wahlweise mit Basilikum zubereiten, den es das ganze Jahr hindurch gibt. So lässt sich der griechische Salat auch im Sommer zubereiten.

PRAKTISCHER TIPP

Für eine gehaltvollere Mahlzeit die Parmigiana zusätzlich mit Lasagneblättern zubereiten.

SIE MÖGEN KEINE

Auberginen: durch Zucchini ersetzen

Für die Aufbewahrung

2 Beutel
5 Behältnisse mit ca.
300 ml Fassungsvermögen
5 Behältnisse mit ca.
750 ml Fassungsvermögen

Kochutensilien

1 oder 2 Backbleche
2 ofenfeste Backformen
2 Schmortöpfe oder 2 Töpfe
1 Pfanne

DONNERSTAG
MONTAG
DIENSTAG
MITTWOCH
BONUS
FREITAG

Woche 10

Die Einkäufe

Obst, Gemüse und Kräuter

- ❏ 1 kleine grüne Paprikaschote
- ❏ 1 Gurke
- ❏ 14 Tomaten
- ❏ 6 Auberginen
- ❏ 2 Zucchini
- ❏ 500 g kleine neue Kartoffeln
- ❏ 1 Salat
- ❏ 2 rote Zwiebeln
- ❏ 2 cm frischer Ingwer
- ❏ 6 Knoblauchzehen
- ❏ 4 Bund Basilikum
- ❏ 1 kleines Bund glatte Petersilie
- ❏ 2 Bio-Zitronen
- ❏ 250 g Himbeeren oder TK-Himbeeren

Frisch

- ❏ 200 g Fetakäse
- ❏ 8 Eier
- ❏ 25 g Butter
- ❏ 200 g Mozzarella
- ❏ 200 ml Crème fraîche + 2 EL
- ❏ 100 g Parmesan

Sonstiges

❏ 200 ml Mandeldrink
❏ 500 g Linguine
❏ 2 EL rotes Miso
❏ 40 g eingelegte Zitronen
❏ 2 oder 3 EL Grand Marnier oder anderer Alkohol, der gut zu Himbeeren passt
❏ 240 g weißer Reis oder Halbvollkornreis
❏ 150 g schwarze Kalamata-Oliven (ohne Stein)
❏ 200 g Weizen
❏ 700 g gekochte weiße Bohnen (oder 350 g getrocknete, am Vortag eingeweicht und gekocht)
❏ 2 EL Pinienkerne
❏ 50 g geröstete Mandeln

Aus dem Vorratsschrank

❏ Olivenöl
❏ 575 g Mehl + etwas zum Ausrollen
❏ getr. Oregano
❏ 1 Prise grobes Meersalz
❏ 1 Päckchen Trockenhefe oder 15 g frische Backhefe
❏ Zucker
❏ Salz, Pfeffer

Woche 10 Sonntag

1. Vorbereitende Arbeiten

30 Min.

Kräuter waschen und trocken schütteln, Blättchen abzupfen. 1 Handvoll Basilikum und 1 Handvoll Petersilie hacken. Praktisch das gesamte restliche Basilikum und 1 Handvoll Petersilie beiseite stellen. Die restliche Petersilie und ein paar Basilikumblätter aufbewahren.
→ DOSE → KÜHLSCHRANK
Salat waschen, in Blätter teilen und trocken schütteln. **→ BEUTEL → KÜHLSCHRANK**
Knoblauch schälen.
Gurke, Tomaten, Paprika, Auberginen und Zucchini waschen.
10 Tomaten enthäuten, dafür kurz in eine Schüssel mit kochendem Wasser tauchen, so lässt sich die Haut leichter abziehen. Die enthäuteten Tomaten in Scheiben schneiden. Zucchini und 3 Auberginen längs in 3–4 mm dicke Scheiben schneiden.
Mozzarella in Scheiben schneiden.
Die eingelegten Zitronen fein hacken.
Den Weizen in einem Topf mit Wasser nach Packungsangabe kochen.
→ DOSE → KÜHLSCHRANK
Kartoffeln waschen und ca. 20 Minuten in einem Topf mit kochendem Wasser garen. Mit oder ohne Schale weiterverwenden.
→ DOSE → KÜHLSCHRANK
Die weißen Bohnen in ein Sieb abgießen und spülen. **→ DOSE → KÜHLSCHRANK**
Mandeln grob hacken. **→ SCHRAUBGLAS → VORRATSSCHRANK**

2. Pitabrote

15 Min.

TEIG 300 ml lauwarmes Wasser bereithalten. In einer Tasse 100 ml davon mit der Hefe verrühren, ein paar Minuten stehen lassen. 500 g Mehl in einer Schüssel mit 1 TL Salz mischen, in die Mitte eine Mulde drücken, die Hefemischung, 1 EL getrockneten Oregano, 2 EL Crème fraîche, 2 EL Olivenöl und 150 ml Wasser in die Mulde geben. Mit dem Handrührgerät zu einem Teig verarbeiten, dabei falls nötig weiteres lauwarmes Wasser zufügen. Teig 10 Minuten kneten. Mit einem Geschirrtuch bedeckt 1 ½ Stunden gehen lassen.

3. Bohnensalat

10 Min.

SAUCE 3 EL Olivenöl, fein abgeriebene Zitronenschale, 1 TL Zitronensaft, Salz, Pfeffer und die eingelegte Zitrone in einer Schüssel mischen. Abschmecken: Je nach verwendeter Zitrone (in Öl eingelegt oder nicht) ist mehr oder weniger Säure nötig. Gehacktes Basilikum und gehackte Petersilie zugeben. **→ SCHRAUBGLAS → KÜHLSCHRANK**

4. Parmigiana

25 Min.

Backofen auf 200 °C vorheizen. Auberginen- und Zucchinischeiben auf ein oder mehrere mit Backpapier belegte Backbleche legen. Mithilfe eines Pinsels oder Küchenpapier mit Öl einstreichen. 2 zerdrückte Knoblauchzehen, Salz und etwas getrockneten Oregano dazugeben. Gemüse ca. 20 Minuten im Ofen braten, dabei immer ein Auge darauf haben und die Scheiben nach der Hälfte der Bratzeit wenden. Eine ofenfeste Form mit einer halbierten Knoblauchzehe ausreiben, diese Zehe und eine weitere anschließend in dünne Scheiben schneiden. Die Knoblauchscheiben in einem Topf in 2 EL Öl bei milder Hitze anbraten. Nach ein paar Minuten die enthäuteten Tomaten, ein paar Basilikumblätter, Salz und 1 Prise Zucker zugeben und 25 Minuten köcheln lassen. 400 g weiße Bohnen mit 2 Schöpfkellen Tomatensauce in eine Schüssel geben und mit einer Gabel zerdrücken. In der ofenfesten Form abwechselnd Aubergine, Zucchini, Tomatensauce, Bohnenmischung und Mozzarellascheiben einschichten, mit Tomatensauce abschließen. 50 g geriebenen Parmesan obenauf streuen. Form in den Ofen schieben, die Hitze auf 180 °C reduzieren und Auflauf 30 Minuten backen. Abkühlen lassen. **→ MIT FRISCHHALTEFOLIE ABDECKEN → GEFRIERTRUHE**

5. Gedünstete Auberginen

15 Min.

AUBERGINEN Die 3 restlichen Auberginen längs halbiert mit etwas Öl einpinseln und in einem Topf mit Dämpfeinsatz ca. 20 Minuten garen. Sie sollen sehr weich werden, die Kochzeit hängt von ihrer Größe ab. Abkühlen lassen.
→ DOSE → KÜHLSCHRANK
SAUCE 1 ½ EL Olivenöl mit 2 EL Miso, dem geschälten, geriebenen Ingwer, 1 Prise Zitronenschale, einigen Petersilienblättern und 1 TL Zitronensaft in einer Schüssel mischen. Sauce abschmecken und nach Belieben nachwürzen. **→ SCHRAUBGLAS → KÜHLSCHRANK**

6. Pesto

10 Min.

Das gesamte restliche Basilikum mit 1 Prise grobem Salz, 2 Knoblauchzehen und den Pinienkernen in einem Standmixer pürieren oder im Mörser zerstoßen. Nach und nach unter Rühren 75 ml Olivenöl (Menge je nach gewünschter Konsistenz anpassen), dann 25 g fein geriebenen Parmesan zugeben. Das Pesto mit Öl bedecken.
→ SCHRAUBGLAS → KÜHLSCHRANK

7. Pitabrote

5 Min.

Sobald der Teig gegangen ist, noch einmal durchkneten und in 12 Portionen teilen. Diese zu Kugeln formen. **→ BEUTEL → GEFRIERTRUHE**

8. Clafoutis

15 Min.

Backofen auf 190 °C schalten. Eine ofenfeste Form großzügig buttern. Die gewaschenen Himbeeren auf dem Boden der Form verteilen und mit Grand Marnier begießen. In einer Schüssel mit dem Schneebesen 200 ml Crème fraîche, 200 ml Mandeldrink, 4 Eier, 75 g Mehl, 50 g Zucker und 1 Prise Salz verquirlen. Die Masse über die Himbeeren gießen. Auflauf 35–40 Minuten im Ofen backen. Abkühlen lassen.
→ MIT FRISCHHALTEFOLIE ABDECKEN → KÜHLSCHRANK

Woche 10

Montag

Weiße-Bohnen-Salat mit Zitrone und Kartoffeln

Fertig in 15 Min., davon 10 Min. Küchenarbeit

4 Eier in einem Topf mit kochendem Wasser in 5–6 Minuten wachsweich kochen. Kartoffeln in Scheiben oder Würfel schneiden und in einer Salatschüssel mit den restlichen weißen Bohnen und der Hälfte der Salatblätter (für Freitag ein paar davon aufheben) mischen. 1 rote Zwiebel schälen und in sehr dünne Scheiben schneiden, unter den Salat mischen. Mit der Zitronensauce anmachen, Die Eier schälen, halbieren und auf den Salat legen. Mit einigen Petersilien- und Basilikumblättern und der Hälfte der gerösteten Mandeln (Rest für Dienstag aufheben) bestreuen.

Dienstag

Woche 10

Auberginen mit Miso, dazu Reis

Fertig in 15 Min., davon 10 Min. Küchenarbeit

Den Reis in einem Topf mit Wasser nach Packungsangabe kochen. Die gedünsteten Auberginen in Streifen schneiden. In einer Schüssel mit der Sauce anmachen und mit einigen Petersilien- und Basilikumblättern und den restlichen gerösteten Mandeln bestreuen. Dazu den Reis servieren.

FÜR MITTWOCH Die Teigkugeln für die Pitabrote zum Auftauen in den Kühlschrank legen.

Woche 10

Mittwoch

Griechischer Salat, dazu Pitabrot und Weizen

Fertig nach 20 Min. Küchenarbeit

PITABROTE Backofen auf 220 °C vorheizen. Die Teigkugeln flach drücken, auf ein mit Backpapier belegtes Backblech legen und ca. 5–10 Minuten im Ofen backen.

SALAT Gurke und restliche Tomaten in Würfel schneiden, die restliche geschälte rote Zwiebel und die Paprika in dünne Streifen schneiden (dabei Kerne und weiße Zwischenhäute entfernen). Fetakäse würfeln. Die Zutaten in eine Schüssel geben, die klein geschnittenen Oliven untermischen, mit Oregano bestreuen, leicht salzen und großzügig mit Olivenöl begießen. Dazu den Weizen reichen, kalt oder aufgewärmt.

Donnerstag

Woche 10

Pasta mit Pesto

Fertig in 15 Min., davon 10 Min. Küchenarbeit

Die Linguine in einem Topf mit Wasser nach Packungsangabe al dente garen. Dann durch ein Sieb abgießen und mit dem Pesto und 25 g geriebenem Parmesan servieren.

FÜR FREITAG Die Parmigiana zum Auftauen in den Kühlschrank stellen.

Woche 10 Freitag

Parmigiana

Fertig in 20 Min., davon 10 Min. Küchenarbeit

Backofen auf 160 °C vorheizen. Den Auflauf 15–20 Minuten im Ofen aufwärmen. Dazu mit etwas Olivenöl und Zitrone angemachten Salat servieren.

Himbeer-Clafoutis

Bereits fertig

Der Clafoutis hält sich im Kühlschrank 2–3 Tage. Er schmeckt lauwarm oder kalt, zum Frühstück oder als Imbiss am Nachmittag.

Woche 11

Montag
Taboulé mit Gemüsebällchen

Dienstag
Nudeln mit Zucchini
und Basilikum

Mittwoch
Gemüsegratin
mit pochiertem Ei

Donnerstag
Sommerrisotto

Freitag
Spanakopita

Bonus-Rezept
Crumble mit gebratenen Früchten

ZEITAUFWAND

2 STD.
KÜCHEN-
ARBEIT

JAHRESZEIT
SOMMER

Außerhalb der Jahreszeit das Gratin mit Wurzelgemüse und Kürbis (mit einem Gemüsehobel schneiden) zubereiten, dabei reichlich Olivenöl und Gewürze verwenden und die Lücken mit Grünkohlblättern füllen.

PRAKTISCHER TIPP

Alle Gerichte dieser Woche können Sie bei einem Picknick auch kalt essen.

SIE MÖGEN KEINEN

Spinat: bei der Spanakopita mehr Kräuter und Käse verwenden, so wird eine Tiropita daraus (griechisch für eine Käsepastete)

Für die Aufbewahrung

Kochutensilien

BONUS
DIENSTAG
MONTAG
DONNERSTAG
FREITAG
MITTWOCH

Woche 11

Die Einkäufe

Obst, Gemüse und Kräuter

- ❏ 10 mittelgroße Zucchini (ca. 1 ½ kg)
- ❏ 1,7 kg Tomaten
- ❏ 2 Fenchelknollen
- ❏ 2 rote Paprikaschoten
- ❏ 2 grüne Paprikaschoten
- ❏ 1 Salat
- ❏ 1 Gurke
- ❏ 400 g enthülste und geschälte Dicke Bohnen oder TK-Dicke Bohnen
- ❏ 7 rote Zwiebeln
- ❏ 8 Frühlingszwiebeln
- ❏ 7 Knoblauchzehen
- ❏ Oregano oder Rosmarin
- ❏ 1 Bund Basilikum
- ❏ 1 Bund Minze
- ❏ 1 Bund glatte Petersilie
- ❏ 1 kleines Bund Dill
- ❏ 2 Bio-Zitronen
- ❏ 200 g Himbeeren
- ❏ 2 kg Aprikosen

Tiefgekühlt

- ❏ 600 g TK-Spinat oder 1 ½ kg frischer Spinat

Frisch

- ❏ 7 Eier
- ❏ 50 g Pecorino oder Parmesan
- ❏ 250 g Filoteigblätter
- ❏ 150 g Butter
- ❏ 300 g Fetakäse
- ❏ 150 ml Milch
- ❏ Crème fraîche
- ❏ 200 g griechischer Joghurt

Sonstiges

- ❑ 200 g weiße Bohnen, bereits gekocht oder aus der Dose
- ❑ 400 g Langkornreis
- ❑ einige Safranfäden
- ❑ 150 g Bulgur
- ❑ 2 EL Haferflocken
- ❑ 1 Vanilleschote
- ❑ 200 g Kichererbsen, bereits gekocht oder aus der Dose
- ❑ 60 g geröstete Mandeln
- ❑ 2 TL Tahin
- ❑ 60 g Oliven (ohne Stein)
- ❑ 500 g Nudeln (Tofarelle oder Fusilli)

Aus dem Vorratsschrank

- ❑ Olivenöl
- ❑ 200 g Mehl + etwas für die Gemüsebällchen
- ❑ 1 EL Weißweinessig
- ❑ Muskatnuss
- ❑ Chilipulver
- ❑ gem. Kreuzkümmel
- ❑ 100 g Zucker
- ❑ Paprikapulver
- ❑ Zimt
- ❑ Salz, Pfeffer

Woche 11

Sonntag

1. Vorbereitende Arbeiten

20 Min.

Kräuter waschen, trocken schütteln und Blättchen abzupfen. Das Basilikum bis auf 1 Handvoll aufbewahren.
→ DOSE → KÜHLSCHRANK
Tomaten waschen, 12 davon enthäuten, dazu kurz in eine Schüssel mit kochendem Wasser tauchen, so lässt sich die Haut leichter abziehen. Die enthäuteten Tomaten vierteln und in ein Sieb über einer Schüssel geben, um den Saft aufzufangen. Die restlichen Tomaten in Scheiben schneiden.
Zucchini waschen. 4 Zucchini in dünne Scheiben, 6 Zucchini in dickere Scheiben schneiden.
Die roten Zwiebeln schälen. 2 davon in dünne Scheiben schneiden, die restlichen hacken.
Fenchel waschen, harten Strunk herausschneiden, dann in dünne Scheiben schneiden.
Paprika waschen, in der Mitte durchschneiden, die Kerne und weißen Trennhäute entfernen, dann klein schneiden.
Knoblauchzehen schälen.
Aprikosen waschen, halbieren und entsteinen.
Kichererbsen und Bohnen in ein Sieb abgießen und spülen, falls sie aus der Dose kommen.
Mandeln hacken.
→ DOSE → VORRATSSCHRANK
Oliven hacken.
Frühlingszwiebeln waschen und hacken.
Salat waschen, in Blätter teilen und trocken schütteln. **→ BEUTEL → KÜHLSCHRANK**
Gurke waschen und fein hacken.

2. Gratin

10 Min.

Backofen auf 200 °C vorheizen. Eine ofenfeste Form mit Öl ausstreichen und mit ½ Knoblauchzehe ausreiben. Die andere Hälfte und eine weitere Knoblauchzehe in dünne Scheiben schneiden. Unten in der Form die Hälfte des geschnittenen Fenchels verteilen. Darüber kommen dicht an dicht die dicken Zucchini-, die Zwiebel- und die Tomatenscheiben. Etwas Oregano und die Knoblauchscheiben dazwischenstecken. Form in den Ofen schieben. 150 ml Milch in einer Schüssel mit 1 Ei verquirlen und nach 45 Minuten über den Auflauf gießen. Weitere 15 Minuten backen. Abkühlen lassen. **→ MIT FRISCHHALTEFOLIE ABDECKEN → KÜHLSCHRANK**

3. Nudeln

10 Min.

SAUCE 1 gehackte Zwiebel, die dünnen Zucchinischeiben und den restlichen Fenchel in einer Pfanne mit 3 EL Olivenöl bei mittlerer Hitze 10 Minuten anbraten. Die Oliven, etwas Zitronenschale, etwas geriebenen Knoblauch und die Handvoll Basilikumblätter unterrühren. Abkühlen lassen. **→ DOSE → KÜHLSCHRANK**

4. Spanakopita

25 Min.

FÜLLUNG 1 gehackte rote Zwiebel in einem Topf in 2 EL Olivenöl 6–7 Minuten anschwitzen. Topf vom Herd nehmen und den Spinat und die Hälfte der gehackten Frühlingszwiebeln zugeben. Den zerbröckelten Fetakäse, 2 oder 3 Stängel Dill, die gehackten Blätter von 2 Stängeln Minze und etwas getrockneten Oregano mit der Spinatmischung verrühren. Etwas fein abgeriebene Zitronenschale, Pfeffer, 1 Prise geriebene Muskatnuss, 2 verquirlte Eier und 1 EL Olivenöl unterrühren. Abschmecken.
ZUSAMMENSETZEN Backofen auf 200 °C vorheizen. Jeweils 2 oder 3 Filoteigblätter mit Öl einpinseln und übereinanderlegen, auf der Längsseite eine Wurst aus der Spinatfüllung auftragen, den Teig aufrollen und diese Teigrolle in eine ofenfeste gefettete Auflaufform oder Tarteform legen. Mit den restlichen Teigblättern und der Füllung ebenso verfahren. Spanakopita 30–40 Minuten im Ofen backen. Abkühlen lassen. **→ MIT FRISCHHALTEFOLIE ABDECKEN → GEFRIERTRUHE**

5. Risotto

15 Min.

GEMÜSE in einer Pfanne 3 rote Zwiebeln, die Paprikaschoten und 4 geriebene oder fein gehackte Knoblauchzehen in 3 EL Olivenöl bei mittlerer Hitze ca. 20 Minuten garen. Die abgetropften geviertelten Tomaten zugeben (Saft aufheben → **DOSE** → **GEFRIERTRUHE**) und weitere 15 Minuten garen. Die Bohnen unterrühren. Abkühlen lassen. → **DOSE** → **KÜHLSCHRANK**

6. Taboulé mit Gemüsebällchen

20 Min.

KRÄUTER UND GURKE Die restliche Minze und beinahe die gesamte Petersilie hacken (etwas Petersilie zum Garnieren für den Reis zurückbehalten). → **DOSE** → **KÜHLSCHRANK**
2 EL gehackte Petersilie-Minze-Mischung für die Bällchen zurückbehalten. Den Rest der Kräuter mit der gehackten Gurke mischen. → **DOSE** → **KÜHLSCHRANK**
BULGUR in einem Topf mit derselben Menge Salzwasser 4 Minuten kochen. Abkühlen lassen. Mit 1 EL Olivenöl mischen. → **DOSE** → **KÜHLSCHRANK**
SAUCE FÜR DAS TABOULÉ Die restlichen gehackten Frühlingszwiebeln in einer Schüssel mit 2 EL Olivenöl, etwas Zitronenschale und -saft sowie Salz mischen. → **DOSE** → **KÜHLSCHRANK**
GEMÜSEBÄLLCHEN Dicke Bohnen in einem Topf mit 1 EL Olivenöl, 2 EL Wasser und etwas Salz 10 Minuten kochen. Mit den 2 EL Petersilie-Minze-Mischung, 2 oder 3 Stängeln Dill, den Kichererbsen, Paprikapulver, gemahlenem Kreuzkümmel, etwas Chilipulver und Salz vermischen und mit dem Stabmixer pürieren. Etwas Bulgur untermischen, um eine recht feste Textur zu erreichen. Aus der Mischung Bällchen formen. Diese in Mehl wälzen und in einer Pfanne mit Öl braten. Abkühlen lassen. → **DOSE** → **KÜHLSCHRANK**
JOGHURTSAUCE In einer Schüssel 200 g Joghurt mit 2 TL Tahin, etwas Olivenöl, Zitronenschale und Zitronensaft, Oregano und geriebenem Knoblauch vermischen. → **DOSE** → **KÜHLSCHRANK**

7. Früchte

15 Min.

FRÜCHTE Aprikosen in einem Topf mit 2 EL Zucker und 1 in der Mitte aufgeschlitzten Vanilleschote 10 Minuten garen. Topf vom Herd nehmen und die gewaschenen Himbeeren untermischen. Abkühlen lassen. → **DOSE** → **KÜHLSCHRANK**
CRUMBLE 150 g Butter und 200 g Mehl in eine Schüssel geben und mit den Fingerspitzen zerkrümeln. Den restlichen Zucker, Haferflocken und etwas Zimt einarbeiten. → **DOSE** → **KÜHLSCHRANK**

Woche 11

Montag

Taboulé mit Gemüsebällchen

Fertig in 20 Min., davon 5 Min. Küchenarbeit

Die Bällchen in einer Pfanne oder bei 160 °C im Backofen 15 Minuten aufwärmen. Für das Tabouleé die Sauce, den restlichen Bulgur und die gehackten Kräuter mit der Gurke gut vermischen. Dazu die Joghurtsauce servieren.

Nudeln mit Zucchini und Basilikum

Fertig in 15 Min., davon 5 Min. Küchenarbeit

Die Nudeln in einem Topf mit Wasser nach Packungsangabe al dente kochen. Die Nudelsauce in einem Topf aufwärmen, mit den durch ein Sieb abgegossenen Nudeln mischen und mit Pecorino- oder Parmesanspänen, etwas Basilikum und gerösteten Mandeln bestreuen. Kann auch kalt als Salat gegessen werden.

Woche 11

Mittwoch

Gemüsegratin mit pochiertem Ei

Fertig in 20 Min., davon 10 Min. Küchenarbeit

Das Gratin ca. 15 Minuten im Backofen bei 160 °C aufwärmen. In einem kleinen Topf Wasser mit 1 EL Weißweinessig erhitzen und 1 Ei in eine kleine Schale aufschlagen. Wenn das Wasser siedet, mit einem Löffel durchrühren, sodass sich ein Strudel bildet, und das Ei vorsichtig in diesen Strudel gleiten lassen. Sobald das Eiweiß fest ist, das Ei mit einer Schaumkelle herausheben und auf Küchenpapier abtropfen lassen. Den Vorgang noch weitere 3 Mal wiederholen. Eier zum Gratin servieren.

FÜR DONNERSTAG Den Tomatensaft zum Auftauen in den Kühlschrank stellen.

Sommerrisotto

Fertig in 20 Min., davon 15 Min. Küchenarbeit

Den aufgefangenen Tomatensaft mit Wasser auf 1 Liter auffüllen und in einem Topf erhitzen. Safran und Salz dazugeben. In einer Pfanne das Gemüse für den Reis aufwärmen. Den Reis einstreuen, die Hälfte der Safranbrühe zugießen und gründlich verrühren. Etwas einkochen lassen. Die restliche Brühe auf zwei- oder dreimal zugießen, ohne zu rühren. Das Gericht ist fertig, wenn der Reis noch eher fest ist. Mit gehackter Petersilie bestreuen.

FÜR FREITAG Die Spanakopita zum Auftauen in den Kühlschrank stellen.

Woche 11

Freitag

Spanakopita

Fertig in 20 Min., davon 5 Min. Küchenarbeit

Die Spanakopita im Backofen 15 Minuten bei 160 °C aufwärmen. Den Salat mit etwas Zitrone und Olivenöl anmachen. Zur Spanakopita servieren.

Bonus-Rezept
Woche 11

Crumble mit gebratenen Früchten

Fertig in 40 Min., davon 5 Min. Küchenarbeit

Die Früchte in eine ofenfeste Form geben, mit den Streuseln bedecken und ca. 35 Minuten bei 180°C im Ofen backen. Mit etwas Crème fraîche servieren.

Woche 12

ZEITAUFWAND

2 STD.
KÜCHEN-
ARBEIT

JAHRESZEIT SOMMER

Außerhalb der Jahreszeit anstelle des Gazpacho eine kalte Suppe aus Avocado, Gurke, roter Zwiebel und etwas Joghurt zubereiten.

Montag

Gazpacho und Brote mit Muhammara- und mit Hummus-Aufstrich

Dienstag

Vegetarisch gefülltes Gemüse

Mittwoch

Zucchinitarte mit Kirschtomaten

Donnerstag

Gemüsecurry mit Reis

Freitag

Kichererbsenstäbchen mit Salat

Bonus-Rezept

Vegane Mousse au chocolat

PRAKTISCHER TIPP

Eine fruchtige Note erhält der Gazpacho, wenn Sie ein Stück Wassermelone, Melone oder ein paar Erdbeeren dazugeben.

SIE MÖGEN KEINE

Paprika: einen Dip auf Basis von gebratener Zucchini und mit Mandeln anstelle von Walnüssen zubereiten

Für die Aufbewahrung

2 Beutel
6 Behältnisse mit ca. 300 ml Fassungsvermögen
4 Behältnisse mit ca.

Kochutensilien

1 ofenfeste Form
1 Backblech
2 Töpfe
2 Pfannen

MONTAG
FREITAG
BONUS
DONNERSTAG
MITTWOCH
DIENSTAG

Woche 12

Die Einkäufe

Obst, Gemüse und Kräuter

❏ 5 Römersalatherzen
❏ 10 Zucchini
❏ 5 rote Paprikaschoten
❏ 8 Tomaten
❏ 500 g Kirschtomaten
❏ 1 Gurke
❏ 2 Auberginen
❏ 10 rote Zwiebeln
❏ 1 Bund Petersilie
❏ Thymian oder Oregano
❏ 3 cm frischer Ingwer
❏ 9 Knoblauchzehen
❏ 2 Bund Basilikum
❏ 1 Bio-Zitrone

Frisch

❏ 1 Mürbeteig oder Blätterteig, hausgemacht oder gekauft
❏ 200 g Ziegenkäse
❏ 50 g junger Comté
❏ 1 Ei
❏ 30 g Butter
❏ 150 ml Crème fraîche

Sonstiges

❏ 50 g getr. Tomaten
❏ 400 g geschälte Tomaten (Dose)
❏ 300 ml Kokosmilch
❏ 200 g weiße Bohnen (Dose)
❏ 2 EL Tahin
❏ 50 g Walnusskerne
❏ 2 EL Semmelbrösel
❏ 150 g Weizen, Dinkel oder Bulgur
❏ 1 Handvoll + 240 g Langkornreis
❏ Granatapfel-Melasse (nach Belieben)
❏ 1 EL Kapern
❏ 300 g Kichererbsenmehl
❏ 200 g dunkle Schokolade

Vom Bäcker

❏ 1 Brot

Aus dem Vorratsschrank

❏ Olivenöl
❏ neutrales Öl
❏ geräuchertes Paprikapulver
❏ Chilipulver
❏ 30 g Zucker
❏ Aceto balsamico
❏ 2 EL Garam Masala (indische Gewürzmischung)
❏ Salz, Pfeffer

Woche 12

Sonntag

1. Vorbereitende Arbeiten

20 Min.

Kräuter waschen, trocken schütteln und die Blättchen abzupfen. Die Petersilie aufbewahren. **➜ DOSE ➜ KÜHLSCHRANK**
Die Salatherzen waschen, in Blätter teilen und trocken schütteln. **➜ BEUTEL ➜ KÜHLSCHRANK**
Das ganze Gemüse waschen. Zwiebeln schälen. Paprika halbieren, Kerne und weiße Häute entfernen.
4 Zucchini, 4 Zwiebeln und 4 Tomaten aushöhlen. Das Fruchtfleisch von Zucchini und Tomaten fein hacken, dass der Zwiebeln beiseite stellen. 4 weitere Zwiebeln fein hacken.
3 Zucchini in dünne Scheiben schneiden, die restlichen 3 würfeln.
Die Auberginen in Würfel schneiden.
Die restlichen 4 Tomaten, die Gurke, 2 Zwiebeln und 1 Paprika in grobe Würfel schneiden.
1 Paprika in kleine Würfel schneiden.
Die Hälften der 3 anderen Paprikaschoten halbieren.
Die getrockneten Tomaten klein schneiden.
Den Comté reiben. **➜ DOSE ➜ KÜHLSCHRANK**
Die Bohnen in ein Sieb abgießen, die Flüssigkeit auffangen und aufheben.

2. Gefülltes Gemüse

20 Min.

GEFÜLLTES GEMÜSE Den Backofen auf 180 °C vorheizen. In einer Pfanne mit 4 EL Olivenöl die kleinen Paprikawürfel und das gehackte Zwiebelfruchtfleisch ca. 10 Minuten braten. Dann das Zucchinifruchtfleisch und 4 geschälte, geriebene Knoblauchzehen zugeben und 10 Minuten garen. Als Nächstes das Tomatenfruchtfleisch einrühren und 5 Minuten mitdünsten. ¼ vom Basilikum, etwas Thymian oder Oregano, 1 Prise Paprikapulver und Salz zugeben, anschließend 1 Handvoll Reis untermischen und alles 10–12 Minuten garen, bis der Reis weich und die Flüssigkeit aufgesogen ist. Das ausgehöhlte Gemüse mit dieser Mischung füllen und in eine gefettete Auflaufform setzen. 40 Minuten im Backofen backen. Abkühlen lassen. **➜ MIT FRISCHHALTEFOLIE ABDECKEN ➜ KÜHLSCHRANK**
BASILIKUMSAUCE ⅔ des restlichen Basilikums mit 2 geschälten Knoblauchzehen, 1 EL Kapern, Olivenöl und etwas Salz in einer Schüssel mit dem Stabmixer pürieren. **➜ DOSE ➜ KÜHLSCHRANK**

3. Tarte

15 Min.

BELAG ¼ der gehackten Zwiebeln in einer Pfanne mit 2 EL Olivenöl 10 Minuten braten. Die Zucchinischeiben zugeben und in 10–12 Minuten leicht bräunen lassen. Salzen und pfeffern. Praktisch das gesamte restliche Basilikum (ein paar Blättchen aufbewahren **➜ DOSE ➜ KÜHLSCHRANK**) und die getrockneten Tomaten unterrühren. Abkühlen lassen. **➜ DOSE ➜ KÜHLSCHRANK**

4. Curry

15 Min.

Die restlichen gehackten Zwiebeln in einem Topf mit 1 EL Olivenöl braten. 2 geschälte, geriebene Knoblauchzehen und den geschälten, geriebenen Ingwer zugeben, 1 Minute garen, Garam Masala einrühren und 1 Minute weiterköcheln. Die Tomaten aus der Dose zugeben und alles 15 Minuten köcheln lassen. Mit dem Stabmixer pürieren. In einer Pfanne mit 4–5 EL neutralem Öl die Auberginen- und Zucchiniwürfel 5 Minuten braten. Dann in die pürierte Sauce rühren. Kokosmilch zugießen und Curry zugedeckt 30 Minuten bei milder Hitze köcheln lassen. Abkühlen lassen. **→ DOSE → GEFRIERTRUHE**

5. Gazpacho und Brote mit Aufstrich

15 Min.

MUHAMMARA (LIBANESISCHER PAPRIKA-WALNUSS-DIP) Die Paprikaviertel mit der Haut nach oben auf ein mit Backpapier belegtes Blech legen und bei 180 °C im Ofen rösten, bis die Haut schwarz wird. In einen Plastikbeutel geben: Dann lässt sich die Haut leicht abziehen. Paprika mit ½ Knoblauchzehe, den Walnusskernen, Chilipulver und Salz in einer Schüssel mit dem Stabmixer pürieren, dann die Semmelbrösel untermischen.
→ DOSE → KÜHLSCHRANK

GAZPACHO 2 Scheiben Brot, das in grobe Würfel geschnittene Gemüse und 1 Handvoll Petersilie in einer Schüssel vermischen, mit 4 EL Olivenöl beträufeln und salzen. **→ DOSE → KÜHLSCHRANK**

HUMMUS AUS BOHNEN Die Bohnen in einer Schüssel mit Tahin, Zitronensaft, Olivenöl, Salz und ½ geschälten Knoblauchzehe mischen und mit dem Stabmixer pürieren. Abschmecken. **→ DOSE → KÜHLSCHRANK**

6. Kichererbsenstäbchen

20 Min.

In einem Topf 500 ml Wasser, 30 g Butter, etwas Olivenöl und 1 große Prise Salz erhitzen. In einer Schüssel das Kichererbsenmehl und 500 ml kaltes Wasser mit dem Schneebesen verrühren. Diese Zubereitung in den Topf mit dem Wasser geben und unter regelmäßigem Schlagen mit dem Schneebesen 20 Minuten köcheln lassen. In eine ofenfeste, mit Backpapier ausgelegte Form gießen. Abkühlen lassen.
→ MIT FRISCHHALTEFOLIE ABDECKEN → GEFRIERTRUHE

7. Mousse au chocolat

15 Min.

Die Schokolade (1–2 EL gerieben zum Servieren beiseite stellen) in einer Schüssel im Wasserbad schmelzen. Das aufbewahrte Bohnenwasser aus der Dose in eine Schüssel gießen und mit dem Handrührgerät zu Schnee schlagen. Das dauert etwas länger als bei Eiweiß. Den Zucker und die geschmolzene Schokolade vorsichtig unterheben. Mousse in eine Schüssel umfüllen.
→ MIT FRISCHHALTEFOLIE ABDECKEN → KÜHLSCHRANK

Woche 12

Montag

Gazpacho und Brote mit Muhammara- und mit Hummus-Aufstrich

Fertig in 15 Min., davon 10 Min. Küchenarbeit

Die Zutaten des Gazpacho mit dem Stabmixer pürieren. Etwas Wasser zugeben, falls die Mischung zu dick ist. Mit gehacktem Basilikum, getoastetem Brot und den beiden Aufstrichen servieren. Den Muhammara-Aufstrich mit etwas Granatapfel-Melasse garnieren, falls verwendet.

Dienstag **Woche 12**

Vegetarisch gefülltes Gemüse

Fertig in 25 Min., davon 5 Min. Küchenarbeit

Das gefüllte Gemüse im Backofen bei 160 °C 20 Minuten aufwärmen. Dazu die Basilikumsauce reichen.

Mittwoch

Zucchinitarte mit Kirschtomaten

Fertig in 35 Min., davon 10 Min. Küchenarbeit

Ein mit Backpapier belegtes Blech mit dem Teig belegen, den vorbereiteten Belag darauf verteilen, dann die Hälfte der halbierten Kirschtomaten und den geriebenen Comté daraufgeben. Die Crème fraîche in einer Schüssel mit 1 Ei mit dem Schneebesen verrühren, den zerbröckelten Ziegenkäse unterrühren, mit Salz und Pfeffer würzen und Mischung über die Tarte gießen. Etwa 30 Minuten im Ofen backen. Die Hälfte des Salats in eine Schüssel geben, mit ein paar Basilikumblättchen bestreuen und mit Olivenöl und Aceto balsamico anmachen. Zur Tarte reichen.

Gemüsecurry mit Reis

Fertig in 20 Min., davon 10 Min. Küchenarbeit

Den Reis in einem Topf mit der 1 ½-fachen Menge Wasser und etwas Salz zugedeckt bei mittlerer Hitze 11 Minuten kochen. Das Curry in einem Topf aufwärmen. Den Reis mit dem Curry servieren und mit etwas Petersilie bestreuen.

FÜR FREITAG Die Form mit der Kichererbsenmasse zum Auftauen in den Kühlschrank stellen.

Woche 12

Freitag

Kichererbsenstäbchen mit Salat

Fertig in 25 Min., davon 15 Min. Küchenarbeit

Die Kichererbsenmasse in 1 cm breite Streifen schneiden und diese 5 Minuten in einer Pfanne mit etwas Olivenöl anbraten, dabei von Zeit zu Zeit wenden. Mit Thymian oder Oregano bestreuen. Den Weizen in einem Topf mit Wasser nach Packungsangabe kochen. In einer Salatschüssel den Weizen mit dem restlichen klein geschnittenen Salat und der restlichen Petersilie mischen und mit Olivenöl, Zitronensaft und Salz anmachen. Die restlichen halbierten Kirschtomaten unterheben.

Bonus-Rezept

Woche 12

Vegane Mousse au chocolat

Bereits fertig

Die Mousse mit geriebener Schokolade bestreut servieren.

Woche 13

ZEITAUFWAND

2 STD.
KÜCHEN-
ARBEIT

JAHRESZEIT SOMMER-HERBST

Außerhalb der Jahreszeit für die Suppe Dosentomaten verwenden und passierte Tomaten mit den getrockneten Tomaten sowie einige Artischocken in Öl für die Nudeln.

Montag
Kartoffelsalat

Dienstag
Nudeln mit Kirschtomatenund Ricotta

Mittwoch
Hamburger

Donnerstag
Teigtaschen mit Mangold, dazu Salat

Freitag
Tomaten-Paprika-Suppe und Hummus aus roten Bohnen

Bonus-Rezept
Müsli

PRAKTISCHER TIPP

Probieren Sie ruhig verschieden Bohnensorten aus, je nachdem, was Sie bekommen. Getrocknete Bohnen müssen Sie am Vortag einweichen und dann kochen.

SIE MÖGEN KEINEN

Mangold: Die Taschen können Sie auch mit gegrillter Paprika und Käse füllen.

Für die Aufbewahrung

2 Beutel
5 Behältnisse mit ca. 300 ml Fassungsvermögen
7 Behältnisse mit ca. 750 ml Fassungsvermögen
1 Behältnis mit ca. 150 ml Fassungsvermögen

Kochutensilien

1 ofenfeste Form
2 Backbleche
2 Töpfe
1 Pfanne

MONTAG
DIENSTAG
MITTWOCH
BONUS
FREITAG
DONNERSTAG

Woche 13

Die Einkäufe

Obst, Gemüse und Kräuter

❑ 400 g Salatmischung oder Babysalate
❑ 500 g kleine Kartoffeln
❑ 500 g Kirschtomaten
❑ 2 Zucchini
❑ 1 Staude Mangold
❑ 1 Avocado
❑ 4 Süßkartoffeln
❑ 7 Tomaten
❑ 200 g Champignons
❑ 1 Maiskolben (vakuumverpackt)
❑ 1 rote Paprikaschote
❑ Oregano oder Rosmarin
❑ 2 Knoblauchzehen
❑ 1 Bio-Limette
❑ 1 Bio-Zitrone
❑ Früchte für das Müsli (z.B. Erdbeeren oder Himbeeren)
❑ 4 rote Zwiebeln
❑ 1 Bund Kerbel
❑ 1 Bund glatte Petersilie oder Basilikum

Frisch

❑ 5 Eier
❑ 15 g Butter
❑ 100 g Blauschimmelkäse oder Comté
❑ 1 Mürbe- oder Blätterteig, hausgemacht oder gekauft
❑ 400 g Quark
❑ 200 g Ricotta
❑ Crème fraîche
❑ Milch

Sonstiges

- ❑ 300 g Haferflocken
- ❑ 200 g Cornflakes
- ❑ 4 EL Honig
- ❑ 4 EL Kokosöl oder Olivenöl
- ❑ 100 g weiße Bohnen, bereits gekocht oder aus der Dose
- ❑ 400 g rote Bohnen, bereits gekocht oder aus der Dose
- ❑ 50 g Kokosraspel
- ❑ 75 g Trockenobst (nach Belieben)
- ❑ 100 g Quinoa
- ❑ 4 Cornichons
- ❑ 500 g Nudeln
- ❑ 1 EL Mandel- oder Sesammus
- ❑ 150 g Semmelbrösel
- ❑ Grissini oder Fladenbrot
- ❑ 125 g gemischte Nüsse
- ❑ 4 Toasties oder englische Muffins
- ❑ 50 g getrocknete Tomaten

Vom Bäcker

- ❑ 6 Scheiben Brot

Aus dem Vorratsschrank

- ❑ Olivenöl
- ❑ neutrales Öl
- ❑ geräuchertes Paprikapulver
- ❑ Chiliflocken oder -pulver
- ❑ Senf
- ❑ Salz, Pfeffer

Woche 13

Sonntag

1. Vorbereitende Arbeiten

30 Min.

Kerbel und Petersilie waschen und trocken schütteln. Von der Petersilie die Blättchen abzupfen. 2 Handvoll hacken, den Rest aufbewahren → **DOSE** → **KÜHLSCHRANK**
3 Stängel Kerbel hacken, den Rest aufbewahren.
→ **DOSE** → **KÜHLSCHRANK**
Salat waschen und trocken schütteln.
→ **BEUTEL** → **KÜHLSCHRANK**
Das Gemüse waschen. Die Zwiebeln schälen und hacken. Paprikaschote halbieren, Kerne und weiße Häute entfernen, Schote klein schneiden.
Kirschtomaten waschen. Die Hälfte auf ein mit Backpapier belegtes Blech legen und mit 2 EL Olivenöl beträufeln.
Mangold waschen und in Streifen schneiden. 4 Minuten in einem Topf mit kochendem Salzwasser blanchieren, dann in einem Sieb abtropfen lassen.
Zucchini grob raspeln.
6 Tomaten enthäuten, dazu kurz in eine Schüssel mit kochendem Wasser tauchen, dann löst sich die Haut besser. Tomaten grob hacken.
Die roten Bohnen in ein Sieb abgießen und spülen.
Kartoffeln sauber bürsten, 20–25 Minuten in einem Topf mit Wasser kochen, abkühlen lassen, nach Belieben schälen. → **DOSE** → **KÜHLSCHRANK**
Champignons säubern und fein hacken (geht auch in der Küchenmaschine).
Süßkartoffeln sauber bürsten. Backofen auf 200 °C vorheizen. 1 Süßkartoffel mit etwas Öl einpinseln, auf den Ofenrost legen und ca. 40 Minuten im Ofen weich garen. Die restlichen Süßkartoffeln in Stäbchenform schneiden und 10 Minuten in einem Topf mit kochendem Salzwasser garen. Herausheben und in einer Schüssel mit 1 EL Öl, Salz, Pfeffer, Oregano oder Rosmarin mischen. Abkühlen lassen. → **DOSE** → **KÜHLSCHRANK**
Die Körner vom Maiskolben lösen.
Die getrockneten Tomaten klein schneiden.
Die Quinoa in einem Topf mit der 1 ½-fachen Menge Salzwasser 10 Minuten kochen.

2. Suppe

15 Min.

ZWIEBELN In einem Topf mit 4 EL Öl und 15 g Butter die gehackten Zwiebeln 7–8 Minuten anschwitzen. Diese Zwiebeln in drei Portionen aufteilen: die Hälfte für die Suppe (im Topf lassen), ¼ für die Burger und ¼ für die Taschen.
SUPPE Die klein geschnittene Paprika mit in den Topf geben und in 5–6 Minuten weich garen. 1 Prise geräuchertes Paprikapulver 1 Minute mitköcheln, dann die gehackten geschälten Tomaten und den Mais sowie 200 ml Wasser einrühren. Suppe 15 Minuten kochen lassen, 50 g rote Bohnen zufügen und alles mit dem Stabmixer pürieren. Mit Salz und Pfeffer abschmecken. Abkühlen lassen. → **DOSE** → **GEFRIERTRUHE**
CROÛTONS Das Brot mit 1 geschälten Knoblauchzehe einreiben und in Würfel schneiden. In eine Schüssel geben und mit 1 EL Öl beträufeln. → **BEUTEL** → **GEFRIERTRUHE**

3. Teigtaschen

15 Min.

Backofen auf 180 °C vorheizen. Den Teig ausrollen. In einer Pfanne mit 2 EL Olivenöl den Mangold und ¾ der Zucchini 6–7 Minuten braten. Pfanne vom Herd nehmen. Den zerbröckelten Blauschimmelkäse oder den geriebenen Comté, 50 g gehackte Nüsse, etwas Chiliflocken und die Zwiebeln für die Teigtaschen untermischen. Aus dem Teig 4 Kreise ausstechen, die Füllung darauf verteilen, Teig zusammenklappen und die Ränder andrücken und mit etwas Wasser bestreichen. Taschen auf ein Backblech mit Backpapier legen und ca. 30 Minuten im Ofen backen. Abkühlen lassen. → **IN FRISCHHALTEFOLIE WICKELN** → **GEFRIERTRUHE**

4. Nudeln

10 Min.

KIRSCHTOMATEN Die Kirschtomaten auf dem Blech bei 200 °C 25 Minuten im Ofen weich backen. In einer Schüssel die gebackenen Tomaten, die getrockneten Tomaten und die restlichen halbierten frischen Kirschtomaten vermischen. Gehackte Petersilie und 2 EL Olivenöl unterrühren. **→ DOSE → KÜHLSCHRANK**

5. Sauce für den Kartoffelsalat und Vinaigrette

15 Min.

SAUCE 1 Eigelb in einer Schüssel mit etwas Zitronensaft, Salz und 1 TL Senf mit dem Schneebesen verrühren. Dann unter ständigem Rühren zuerst tropfenweise, dann in einem dünnen Strahl 75 ml neutrales Öl zugeben. Anschließend 2 EL Olivenöl unterschlagen. Den gehackten Kerbel, 4 klein geschnittene Cornichons und 100 g Quark untermischen. **→ DOSE → KÜHLSCHRANK**

VINAIGRETTE In ein Schraubglas 2 TL Senf, 1 EL Zitronensaft, etwas Zitronenschale, etwas geriebenen Knoblauch, Salz, Pfeffer und 3 EL Olivenöl geben. Glas verschließen und kräftig schütteln. **→ SCHRAUBGLAS → KÜHLSCHRANK**

6. Hamburger

15 Min.

Die restliche geraspelte Zucchini gut ausdrücken, um möglichst viel Flüssigkeit zu entfernen. Die restlichen gebratenen Zwiebeln in eine Pfanne oder einen Topf geben, die Champignons und die Zucchini zufügen und ca. 5 Minuten garen. Pfanne oder Topf vom Herd nehmen. Einige Chiliflocken einrühren. Quinoa, Semmelbrösel und ca. 4 EL vom Fruchtfleisch der weichen Süßkartoffel untermischen. Aus dieser Mischung mit der Hand 4 Frikadellen formen und diese in einer Pfanne mit 4 EL Öl ca. 5 Minuten braten, dabei einmal wenden. Abkühlen lassen. **→ DOSE → KÜHLSCHRANK**

7. Hummus aus roten Bohnen

10 Min.

350 g rote Bohnen mit 2 EL Olivenöl, 1 EL Mandel- oder Sesammus, etwas Zitronenschale und Zitronensaft, Salz, Pfeffer und etwas Knoblauch in eine Schüssel geben und mit dem Stabmixer pürieren. **→ DOSE → GEFRIERTRUHE**

8. Müsli

10 Min.

Die Haferflocken, Cornflakes, 4 EL Honig, 4 EL Kokos- oder Olivenöl, 75 g gemischte Nüsse und die Kokosraspel in einer Schüssel vermischen. Etwas Zitronenschale unterrühren. Masse auf einem mit Backpapier belegten Blech verteilen, die Backofentemperatur auf 150 °C reduzieren und Müsli ca. 30 Minuten im Ofen backen, dabei häufig durchrühren. Die Trockenfrüchte untermischen (wenn sie groß sind, vorher klein schneiden). Abkühlen lassen. **→ DOSE → VORRATSSCHRANK**

Woche 13

Montag

Kartoffelsalat

Fertig in 15 Min., davon 10 Min. Küchenarbeit

4 Eier in einem Topf mit kochendem Wasser in 8–9 Minuten hart oder in 5–6 Minuten wachsweich kochen. Die Kartoffeln klein schneiden und in eine Schüssel geben, mit der Sauce, dem restlichen Kerbel, 200 g zerkleinertem Salat und den zuvor gespülten, abgetropften weißen Bohnen vermischen. Die Eier schälen und den Salat damit garnieren.

Dienstag

Woche 13

Nudeln mit Kirschtomaten und Ricotta

Fertig in 15 Min., davon 10 Min. Küchenarbeit

Die Nudeln in einem Topf mit Wasser nach Packungsangabe bissfest garen. Dann in ein Sieb abgießen. Die Nudelsauce in einem Topf erwärmen, die Nudeln untermischen und den zerbröckelten Ricotta darüberstreuen.

Mittwoch

Hamburger

Fertig in 30 Min., davon 10 Min. Küchenarbeit

Backofen auf 200 °C vorheizen. Die Süßkartoffelstäbchen auf ein Backblech legen und 20 Minuten im Ofen backen. Die fertigen Hamburger 5 Minuten mit etwas Öl in einer Pfanne aufwärmen. Die Avocado schälen, entkernen und das Fruchtfleisch mit etwas Limettensaft, Salz, Chiliflocken oder -pulver und gehackten Petersilien- und Kerbelblättern in eine Schüssel geben und mit einer Gabel zerdrücken. Die Toasties oder englischen Muffins quer halbieren, im Toaster leicht rösten und jeweils mit 1 Hamburger, etwas Salat, Tomatenscheiben (von der restlichen Tomate) und Avocadopüree füllen. Hamburger mit Süßkartoffelstäbchen servieren. Nach Belieben eine Fertigsauce dazu reichen.

Teigtaschen mit Mangold, dazu Salat

Fertig in 30 Min., davon 10 Min. Küchenarbeit

Backofen auf 180 °C vorheizen. Die Teigtaschen auf ein mit Backpapier belegtes Blech geben und ca. 30 Minuten im Ofen aufwärmen (sie müssen zuvor nicht auftauen). Den restlichen Salat in einer Schüssel mit Vinaigrette anmachen und zu den Taschen servieren.

FÜR FREITAG Suppe und Hummus aus roten Bohnen zum Auftauen in den Kühlschrank stellen.

Woche 13

Freitag

Tomaten-Paprika-Suppe und Hummus aus roten Bohnen

Fertig in 30 Min., davon 10 Min. Küchenarbeit

Backofen auf 200 °C vorheizen, die Croûtons auf ein Blech geben und 15 Minuten auf der oberen Einschubleiste im Ofen rösten. Suppe in einem Topf aufwärmen, mit etwas Wasser verdünnen, falls sie zu dickflüssig ist. Mit etwas Crème fraîche, den Croûtons und gehackten Kräutern servieren. Als Beilage den Hummus mit Grissini oder Fladenbrot servieren.

Bonus-Rezept

Woche 13

Müsli

Fertig nach 5 Min. Küchenarbeit

Das Müsli mit Quark, Obst und Milch zum Frühstück und am Nachmittag servieren.

Gestalten Sie Ihr eigenes Programm!

Was halten Sie davon, sich Ihre eigenen Essenspläne zusammenzustellen?

Um Ihnen dabei zu helfen, finden Sie auf den folgenden Seiten die Einkaufslisten für jedes Rezept, so können Sie jede gewünschte Kombination wählen und sich Ihren eigenen Wochenplan erstellen.
Mit den Bonus-Etiketten am Ende können Sie Dosen und Schraubgläser beschriften.

Brot

Selbst gebackenes Käse-Kräuter-Brot (Woche 01)

OBST, GEMÜSE UND KRÄUTER
- ❑ ½ Bund glatte Petersilie
- ❑ 1 Bund Schnittlauch

FRISCH
- ❑ 200 g Hartkäse (z.B. Cantal oder Tomme)

SONSTIGES
- ❑ 1 Päckchen Trockenhefe oder 15 g frische Backhefe
- ❑ 500 g Mehl Typ 550
- ❑ 2 TL Salz
- ❑ 1 gehäufter EL körniger Senf

Pitabrote (Wochen 09 und 10)

SONSTIGES
- ❑ 500 g Mehl
- ❑ 15 g frische Backhefe oder 1 Päckchen Trockenhefe
- ❑ 2 EL Olivenöl
- ❑ 1 TL Salz
- ❑ 1 EL getr. Oregano (für Woche 10)

FRISCH
- ❑ 2 EL Crème fraîche (für Woche 10)

Mit Ei

Rühreier und Avocadocreme (Woche 02)

OBST, GEMÜSE UND KRÄUTER
- ❑ 2 Avocados
- ❑ ½ Bio-Zitrone
- ❑ 1 Schalotte
- ❑ 6 Stängel Koriander

FRISCH
- ❑ 8 Eier
- ❑ 15 g Butter

SONSTIGES
- ❑ 1 Prise Chili
- ❑ Salz

Grünes Omelette, dazu ein Wintersalat mit Linsen und Walnüssen (Woche 04)

OBST, GEMÜSE UND KRÄUTER
- ❑ 1 ½–2 Stauden Mangold oder Pak Choi (ca. 400 g)
- ❑ Wintersalat (Chicorée, Frisée oder Feldsalat)
- ❑ 4–5 Stängel glatte Petersilie
- ❑ 10 Walnüsse
- ❑ 1 Karotte, 1 Lorbeerblatt, Thymian oder Rosmarin, 1 Knoblauchzehe (zum Kochen der Linsen)

FRISCH
- ❑ 50 g Frischkäse
- ❑ 8 Eier

SONSTIGES
- ❑ 150 g grüne Linsen
- ❑ 1 EL Olivenöl
- ❑ 1 EL Walnussöl (nach Belieben)

VINAIGRETTE
- ❑ 1 Msp. Senf
- ❑ 1 TL Zitronensaft + etwas Zitronenschale
- ❑ 1 EL Olivenöl
- ❑ Salz, Pfefffer

Shakshuka mit Fetakäse, dazu Brot (Woche 05)

OBST, GEMÜSE UND KRÄUTER
- ❑ 4 Knoblauchzehen
- ❑ 2 Schalotten
- ❑ einige Minzeblättchen
- ❑ ½ Bio-Zitrone
- ❑ 1 Salat

FRISCH
- ❑ 4 Eier
- ❑ 150 g griechischer Joghurt (nach Belieben)
- ❑ 80 g Fetakäse

SONSTIGES
- ❑ 1 Glas eingelegte Paprika (Abtropfgewicht ca. 250 g)
- ❑ 400 g Kirschtomaten oder klassische Tomaten (Dose)
- ❑ 1 TL Koriandersamen
- ❑ 1 TL Kreuzkümmelsamen
- ❑ Olivenöl
- ❑ Salz, Pfeffer

Frittata, dazu Salat (Woche 09)

OBST, GEMÜSE UND KRÄUTER
- ❑ 2 Frühlingszwiebeln
- ❑ 1–2 Schalotten
- ❑ 1 Stange Lauch
- ❑ ½ Bund Koriander
- ❑ 3 Stängel Dill
- ❑ ½ Bund glatte Petersilie
- ❑ einige Stängel Schnittlauch
- ❑ 1 cm frische Kurkuma
- ❑ ½ grüner Salat oder gemischte Blattsalate

FRISCH
- ❑ 5 Eier
- ❑ 25 g Butter

SONSTIGES
- ❑ 3 EL Olivenöl
- ❑ 1 TL Backpulver

VINAIGRETTE
- ❑ 1 TL Senf
- ❑ 1 EL Zitronensaft
- ❑ 1 EL Granatapfel-Melasse (nach Belieben)
- ❑ 6 EL Olivenöl

Salate

Grüne-Linsen-Salat (Woche 02)

OBST, GEMÜSE UND KRÄUTER

- ❑ 1 Karotte
- ❑ 1 Lorbeerblatt
- ❑ 1 Knoblauchzehe
- ❑ 2 Stängel Minze
- ❑ 6 Stängel glatte Petersilie
- ❑ 1 Schalotte

SONSTIGES

- ❑ 150 g grüne Linsen

SAUCE

- ❑ 2 TL Senf
- ❑ 1 TL Zitronensaft + etwas Zitronenschale
- ❑ 5 EL Olivenöl
- ❑ Salz, Pfeffer

Salat aus gebratenem Gemüse und Blattsalat (Woche 06)

OBST, GEMÜSE UND KRÄUTER

- ❑ 200 g Butternut-Kürbis
- ❑ Ein Dutzend Grünkohlblätter
- ❑ ¼ Knollensellerie oder 1 kleine Knolle
- ❑ ½ Bund glatte Petersilie
- ❑ ½ Bund Koriander
- ❑ 2 Knoblauchzehen
- ❑ einige Salatblätter

SONSTIGES

- ❑ 80 g Haselnüsse
- ❑ 4 EL Olivenöl
- ❑ 100 g Bulgur oder anderes Getreide
- ❑ 100 g gekochte Kichererbsen
- ❑ Salz, Pfeffer

SAUCE

- ❑ 100 ml Tahin
- ❑ ½ Granatapfel
- ❑ 2 EL Zitronensaft
- ❑ 1 Knoblauchzehe
- ❑ 2–3 EL gehackte Petersilie

Linsensalat, selbst zubereiteter Labneh mit Gewürzen, Dip-Gemüse (Woche 07)

OBST, GEMÜSE UND KRÄUTER

- ❑ 100 g junger Mangold, junger Portulak oder Babyspinat
- ❑ 6 junge Karotten
- ❑ 1 kleiner Blumenkohl
- ❑ 1 Bio-Zitrone
- ❑ 10 Stängel glatte Petersilie

FRISCH

- ❑ 350 g Naturjoghurt
- ❑ 500 g Ziegenjoghurt

SONSTIGES

- ❑ 150 g grüne oder schwarze Linsen
- ❑ 2 EL Olivenöl
- ❑ 2 TL Zatar-Gewürzmischung
- ❑ 100 g Mandeln oder Pistazien
- ❑ ½ TL Salz

ORANGENSAUCE

- ❑ 2 TL Senf
- ❑ 1 EL Bio-Zitronensaft
- ❑ 2 EL Bio-Orangensaft
- ❑ Bio-Zitronen- und Bio-Orangenschale
- ❑ geriebener Knoblauch
- ❑ 1 Msp. Honig
- ❑ 1 Prise geräuchertes Paprikapulver
- ❑ 5 EL Olivenöl
- ❑ Salz, Pfeffer

Salat aus gebratenem Gemüse auf Hummus, dazu selbst gebackenes Pitabrot (Woche 09)

OBST, GEMÜSE UND KRÄUTER

- ❑ 4 junge Karotten
- ❑ 250 g Spargel
- ❑ 4 Frühlingszwiebeln
- ❑ 200 g Zuckerschoten
- ❑ einige Stängel Koriander
- ❑ einige Stängel Petersilie
- ❑ 1 Knoblauchzehe
- ❑ 1 Bio-Zitrone

SONSTIGES

- ❑ 200 g gekochte Kichererbsen
- ❑ 2 EL Tahin oder Erdnussbutter (nach Belieben)
- ❑ 1 TL Zatar-Gewürzmischung oder ersatzweise Thymian, Sumach und Kreuzkümmel
- ❑ 80 g geröstete Mandeln
- ❑ Olivenöl

VINAIGRETTE

- ❑ 1 TL Senf
- ❑ 1 EL Zitronensaft
- ❑ 1 EL Granatapfel-Melasse (nach Belieben)
- ❑ 6 EL Olivenöl

PITABROTE

- ❑ 500 g Mehl
- ❑ 15 g frische Backhefe oder 1 Tütchen Trockenhefe
- ❑ 2 EL Olivenöl
- ❑ 1 TL Salz

Weiße-Bohnen-Salat mit Zitrone und Kartoffeln (Woche 10)

OBST, GEMÜSE UND KRÄUTER

- ❑ 500 g kleine neue Kartoffeln
- ❑ 1 rote Zwiebel
- ❑ 6 Stängel Basilikum
- ❑ 6 Stängel Petersilie
- ❑ 1 Bio-Zitrone
- ❑ 200 g Salatblätter

FRISCH

- ❑ 4 Eier

SONSTIGES

- ❑ 300 g gekochte weiße Bohnen
- ❑ 40 g eingelegte Zitronen
- ❑ 3 EL Olivenöl
- ❑ 25 g geröstete Mandeln
- ❑ Salz, Pfeffer

Griechischer Salat, dazu Pitabrot und Weizen (Woche 10)

OBST, GEMÜSE UND KRÄUTER

- ❑ 1 kleine grüne Paprika
- ❑ 1 Gurke
- ❑ 4 reife Tomaten
- ❑ 1 rote Zwiebel

FRISCH

- ❑ 200 g Fetakäse

SONSTIGES

- ❑ 200 g Weizen
- ❑ 150 g schwarze Kalamata-Oliven (ohne Stein)
- ❑ getr. Oregano
- ❑ Olivenöl
- ❑ Salz

PITABROTE

- ❑ 500 g Mehl
- ❑ 15 g frische Backhefe oder 1 Tütchen Trockenhefe
- ❑ 2 EL Olivenöl
- ❑ 1 TL Salz
- ❑ 1 EL getr. Oregano
- ❑ 2 EL Crème fraîche

Suppen

Taboulé mit Gemüsebällchen (Woche 11)

OBST, GEMÜSE UND KRÄUTER
❏ 1 Bund glatte Petersilie
❏ 1 Bund Minze
❏ 4 Frühlingszwiebeln
❏ 1 Bio-Zitrone
❏ 1 Gurke
❏ 400 g Dicke Bohnen
❏ 2–3 Stängel Dill
❏ ½ Knoblauchzehe

FRISCH
❏ 200 g griechischer Joghurt

SONSTIGES
❏ 150 g Bulgur
❏ 200 g Kichererbsen, bereits gekocht oder aus der Dose
❏ etwas Mehl
❏ Olivenöl
❏ 1 Prise gem. Kreuzkümmel
❏ 1 Prise Chilipulver oder -flocken
❏ 1 Prise Paprikapulver
❏ 2 TL Tahin
❏ Oregano
❏ Salz

Kartoffelsalat (Woche 13)

OBST, GEMÜSE UND KRÄUTER
❏ 500 g kleine Kartoffeln
❏ 200 g Babysalate oder Salatmischung
❏ einige Tropfen Zitronensaft
❏ 5 Stängel Kerbel

FRISCH
❏ 4 Eier
❏ 1 Eigelb
❏ 100 g Quark

SONSTIGES
❏ 100 g weiße Bohnen, bereits gekocht oder aus der Dose
❏ 1 TL Senf
❏ 75 ml neutrales Öl
❏ 2 EL Olivenöl
❏ 4 Cornichons
❏ Salz

Linsensuppe mit Gemüse und Miso (Woche 01)

OBST, GEMÜSE UND KRÄUTER
❏ ½ Wirsing
❏ 100 g Champignons
❏ 5 Karotten (mit Grün)
❏ 2 Zwiebeln
❏ 5 Knoblauchzehen
❏ Petersilie- und Korianderblätter

SONSTIGES
❏ 150 g grüne Linsen
❏ 2 EL rotes Miso
❏ 2 EL Olivenöl
❏ Salz

Kürbiscremesuppe mit Croûtons, dazu Mandeln und Käse (Woche 02)

OBST, GEMÜSE UND KRÄUTER
❏ ½ Hokkaido-Kürbis (oder 1 kleiner, ca. 600 g)
❏ 1 Karotte
❏ 1 Staude Sellerie
❏ 1 ½ milde Zwiebel
❏ ½ Bund Petersilie

FRISCH
❏ 15 g Butter
❏ 4 EL griechischer Joghurt
❏ 200 g Tomme oder ein anderer Käse zur Suppe

SONSTIGES
❏ 1 Bio-Gemüsebrühwürfel (oder 750 ml selbst gemachte Bouillon)
❏ Croûtons
❏ 10 Scheiben Brot
❏ 2 Knoblauchzehen
❏ 3 EL Olivenöl
❏ Thymian oder getr. Oregano
❏ Salz
❏ 150 g ganze Mandeln
❏ 1 EL Olivenöl
❏ ½ TL Salz

Grüne Suppe, dazu Eierbrot (Woche 03)

OBST, GEMÜSE UND KRÄUTER
❏ 200 g Blutampfer
❏ ½ Bund Koriander
❏ 3–4 Stängel Dill
❏ die Stiele von 2 Brokkoli
❏ 1 Karotte

SONSTIGES
❏ 100 ml Kokosmilch
❏ 1 Bio-Gemüsebrühwürfel
❏ 100 g rote Linsen

EIERBROTE
❏ 4 Eier
❏ 15 g Butter
❏ einige Stängel Koriander
❏ 4–8 Scheiben Landbrot

Italienische Bohnensuppe (Woche 04)

OBST, GEMÜSE UND KRÄUTER
❏ 4 Karotten
❏ 1 Staudensellerie
❏ 1 rote Zwiebel
❏ ½ Staude Mangold
❏ 3 Knoblauchzehen
❏ ½ Chilischote
❏ getr. Oregano
❏ gehackte Petersilie und/oder Koriander

FRISCH
❏ 50 g Fetakäse

SONSTIGES
❏ 400 g weiße Bohnen (Dose)
❏ 400 ml passierte Tomaten (Dose)
❏ 50 g Dinkel oder Graupen
❏ 3 EL Olivenöl
❏ Salz, Pfeffer

Bouillon mit Champignons und Miso, Teigtaschen mit Gemüsefüllung (Woche 05)

OBST, GEMÜSE UND KRÄUTER
❏ ⅓ Blumenkohl
❏ 125 g Champignons
❏ 3 Karotten
❏ 4 Schalotten
❏ 1 Knoblauchzehe
❏ 2 cm frischer Ingwer
❏ 1 cm frische Kurkuma

TIEFGEKÜHLT
❏ 200 g TK-Spinat

FRISCH
❏ 1 Packung Filoteigblätter

SONSTIGES
❏ 2 EL rotes Miso
❏ 4 EL Olivenöl
❏ Salz, Pfeffer

Selleriesuppe, dazu Brot mit Birne und Gorgonzola (Woche 06)

OBST, GEMÜSE UND KRÄUTER
❏ ¾ Knollensellerie oder 2 kleine Knollen
❏ 2 Zwiebeln
❏ 1 Stange Lauch
❏ 1 Karotte
❏ ½ Bund glatte Petersilie
❏ 2 nicht zu reife Birnen

FRISCH
❏ 20 g Butter
❏ 250 g Gorgonzola

SONSTIGES
❏ einige Haselnüsse

VOM BÄCKER
❏ 1 Brot

Sämige Frühlingssuppe mit Erbsen und Dicken Bohnen, dazu geröstetes Knoblauchbrot mit Ricotta-Aufstrich (Woche 07)

OBST, GEMÜSE UND KRÄUTER

- ❑ 500 g enthülste oder TK-Erbsen
- ❑ 2 Knoblauchzehen
- ❑ 10 Stängel glatte Petersilie
- ❑ 1 Bio-Zitrone

TIEFGEKÜHLT

- ❑ 200 g TK geschälte Dicke Bohnen

FRISCH

- ❑ 200 g Ricotta
- ❑ 100–150 g Naturjoghurt

SONSTIGES

- ❑ 2 EL Olivenöl
- ❑ 1 Päckchen Gemüsebrühepulver
- ❑ Pfeffer

VOM BÄCKER

- ❑ Brotscheiben

Frühlingsminestrone (Woche 08)

OBST, GEMÜSE UND KRÄUTER

- ❑ 4 junge Karotten (möglichst mit Grün)
- ❑ 1 Stange Lauch
- ❑ 1 Fenchelknolle
- ❑ 150 g Erbsen oder Dicke Bohnen
- ❑ 2 junge weiße Rüben, möglichst mit Grün
- ❑ 1–1 ½ Zwiebeln
- ❑ 2 Schalotten
- ❑ 50 g Brunnenkresse (ersatzweise Rucola)
- ❑ ⅓ Pesto mit Brunnenkresse (siehe unten)

FRISCH

- ❑ 1 Parmesanrinde, falls vorhanden
- ❑ 15 g Butter

SONSTIGES

- ❑ 100 g weiße Bohnen, gekocht oder aus der Dose
- ❑ 50 g Pasta Risoni oder Buchstabennudeln
- ❑ 2 EL Olivenöl

PESTO MIT BRUNNENKRESSE

- ❑ 150 g Brunnenkresse
- ❑ 80 g geröstete Mandeln
- ❑ 1 Schalotte
- ❑ 3 EL Olivenöl
- ❑ 2 Knoblauchzehen
- ❑ 100 g Parmesan

Karottensuppe, dazu Brot mit Kräuterfrischkäse (Woche 09)

OBST, GEMÜSE UND KRÄUTER

- ❑ 8 junge Karotten
- ❑ 12 Stängel glatte Petersilie
- ❑ 2 Stängel Dill
- ❑ 12 Stängel Koriander
- ❑ 1 Bio-Zitrone
- ❑ 4 Frühlingszwiebeln
- ❑ 1 Stange Lauch
- ❑ 1–2 Schalotten

FRISCH

- ❑ 500 g Frischkäse (von Ziege oder Kuh)
- ❑ 20 g Butter
- ❑ 100 ml Crème fraîche

VOM BÄCKER

- ❑ 1 Brot

Gazpacho und Brote mit Muhammara- und mit Hummus-Aufstrich (Woche 12)

OBST, GEMÜSE UND KRÄUTER

- ❑ 4 Tomaten
- ❑ 1 Gurke
- ❑ 2 rote Zwiebeln
- ❑ 1 rote Paprikaschote
- ❑ 6 Stängel Petersilie
- ❑ einige Basilikumblätter

VOM BÄCKER

- ❑ 2 Scheiben Brot (Gazpacho)
- ❑ Brot (für Aufstriche)

SONSTIGES

- ❑ Granatapfel-Melasse (nach Belieben)
- ❑ Salz, Pfeffer

MUHAMMARA

- ❑ 3 rote Paprikaschoten
- ❑ 50 g Walnusskerne
- ❑ 2 EL Semmelbrösel
- ❑ ½ Knoblauchzehe
- ❑ Chilipulver
- ❑ Salz

HUMMUS AUS BOHNEN

- ❑ 200 g weiße Bohnen, bereits gekocht oder aus der Dose
- ❑ 2 EL Tahin
- ❑ Zitronensaft
- ❑ ½ Knoblauchzehe
- ❑ Olivenöl
- ❑ Salz

Tomaten-Paprika-Suppe und Hummus aus roten Bohnen (Woche 13)

OBST, GEMÜSE UND KRÄUTER

- ❑ 6 Tomaten
- ❑ 1 rote Paprikaschote
- ❑ 1 rote Zwiebel
- ❑ 1 Maiskolben (vakuumverpackt)

FRISCH

- ❑ 15 g Butter
- ❑ Crème fraîche

SONSTIGES

- ❑ 50 g rote Bohnen, bereits gekocht oder aus der Dose
- ❑ 1 Prise geräuchertes Paprikapulver
- ❑ 2 EL Olivenöl
- ❑ Grissini oder Fladenbrot
- ❑ Salz, Pfeffer

CROÛTONS

- ❑ 6 Scheiben Brot
- ❑ 1 Knoblauchzehe
- ❑ 1 EL Olivenöl

HUMMUS AUS ROTEN BOHNEN

- ❑ 350 g rote Bohnen, bereits gekocht oder aus der Dose
- ❑ 1 EL Mandel- oder Sesammus
- ❑ 2 EL Olivenöl
- ❑ Zitronensaft und -schale
- ❑ ½ Knoblauchzehe
- ❑ Salz, Pfeffer

Pasta und Nudeln

Pasta puttanesca (Woche 01)

OBST, GEMÜSE UND KRÄUTER
- ❑ 4 Knoblauchzehen
- ❑ 1 frische rote Chili oder 1 gute Prise Chilipulver oder -flocken
- ❑ 6 Stängel Koriander
- ❑ ¼ Bund Petersilie

FRISCH
- ❑ 100 g Parmesan

SONSTIGES
- ❑ 500 g Spaghetti
- ❑ 450 g geschälte Tomaten (Dose)
- ❑ 2 EL Kapern (vorzugsweise in Salz)
- ❑ 300 g schwarze Kalamata-Oliven (ohne Stein)
- ❑ 2 EL Tomatenmark
- ❑ 3 EL Olivenöl
- ❑ Salz, Pfeffer

Nudeln mit Kichererbsen und Rosmarin (Woche 02)

OBST, GEMÜSE UND KRÄUTER
- ❑ 1 Karotte
- ❑ 1 Staudensellerie
- ❑ 1 ½ milde Zwiebeln
- ❑ 6 Stängel Petersilie
- ❑ 1 Zweig Rosmarin
- ❑ 2 Lorbeerblätter
- ❑ Zitronenschale

FRISCH
- ❑ geriebener Käse

SONSTIGES
- ❑ 200 g kurze Nudeln (z.B. Fusilli, Orecchiette)
- ❑ 400 g gekochte Kichererbsen (Dose)
- ❑ 2 EL Olivenöl
- ❑ Salz

Soba mit gebratenem Gemüse und Tofu (Woche 03)

OBST, GEMÜSE UND KRÄUTER
- ❑ 200 g Blutampfer
- ❑ ½ Hokkaido-Kürbis oder anderer Kürbis (ca. 400 g)
- ❑ 3 Topinambur
- ❑ 3 Knoblauchzehen
- ❑ 1 Bio-Limette

FRISCH
- ❑ 200 g Kräutertofu

SONSTIGES
- ❑ 200 g Soba-Nudeln
- ❑ 80 g geröstete Haselnüsse
- ❑ 1 EL Sojasauce
- ❑ 4 EL Olivenöl

Penne bolognese vegetarisch (Woche 05)

OBST, GEMÜSE UND KRÄUTER
- ❑ 250 g Champignons
- ❑ ⅔ Blumenkohl
- ❑ 2 Schalotten
- ❑ 4 Knoblauchzehen
- ❑ 1 kleine frische Chilischote
- ❑ 1 Zweig Rosmarin
- ❑ ½ Bio-Zitrone
- ❑ einige Stängel Petersilie

FRISCH
- ❑ 40 g Butter
- ❑ 40 g Parmesan

SONSTIGES
- ❑ 500 g Penne oder andere kurze Nudeln, (z.B. Fusilli, Pipe, Orecchiette)
- ❑ 2 gehäufte EL Tomatenmark
- ❑ 3 EL Olivenöl
- ❑ Salz

Spinat-Ricotta-Lasagne (Woche 06)

OBST, GEMÜSE UND KRÄUTER
- ❑ ¼ Salat

TIEFGEKÜHLT
- ❑ 400 g TK-Spinat

FRISCH
- ❑ 200 g Ricotta
- ❑ 55 g Butter
- ❑ 500 ml Milch

SONSTIGES
- ❑ ½ Packung Lasagneblätter (250 g)
- ❑ 40 g Mehl
- ❑ 2 EL Pinienkerne
- ❑ Muskatnuss
- ❑ Salz, Pfeffer

VINAIGRETTE
- ❑ 3 EL Olivenöl
- ❑ 2 TL Senf
- ❑ 1 EL Zitronensaft
- ❑ Zitronenschale
- ❑ geriebener Knoblauch
- ❑ Salz, Pfeffer

Nudeln in Bouillon (Woche 07)

OBST, GEMÜSE UND KRÄUTER
- ❑ 2 Köpfe Pak Choi oder 500 g TK-Spinat
- ❑ 200 g Zuckerschoten
- ❑ 4 cm frischer Ingwer
- ❑ 3 Knoblauchzehen + etwas für die Sauce
- ❑ 2 Karotten
- ❑ 1 Bio-Limette

FRISCH
- ❑ 200 g fester Tofu, natur

SONSTIGES
- ❑ 200 g chinesische Nudeln
- ❑ 4 oder 5 getrocknete Shiitakpilze (nach Belieben)
- ❑ 1 Päckchen Gemüsebrühepulver
- ❑ Sojasauce
- ❑ Chilipulver und -flocken
- ❑ Sesamöl
- ❑ 1 Prise Zucker

Nudeln in Zitronen-Rosmarin-Creme (Woche 08)

OBST, GEMÜSE UND KRÄUTER
- ❑ 1 Bio-Zitrone
- ❑ 1 Zweig Rosmarin

FRISCH
- ❑ 50 g gesalzene Butter
- ❑ 200 ml Crème fraîche
- ❑ 60 g Parmesan

SONSTIGES
- ❑ 500 g kleine Nudeln (z.B. Orecchiette, Trofie)

Spaghetti aglio e olio, dazu Frühlingssalat (Woche 09)

OBST, GEMÜSE UND KRÄUTER
- ❑ 3 Knoblauchzehen
- ❑ 150 g grüne Bohnen
- ❑ ½ Salat oder Blattsalatmischung
- ❑ einige frische Dicke Bohnen oder Erbsen
- ❑ einige Stängel Schnittlauch

FRISCH
- ❑ 60 g Parmesan

SONSTIGES
- ❑ 500 g Spaghetti
- ❑ 3 EL Olivenöl
- ❑ 1 gute Prise Chiliflocken

VINAIGRETTE
- ❑ 1 TL Senf
- ❑ 1 EL Zitronensaft
- ❑ 1 EL Granatapfel-Melasse (optional)
- ❑ 6 EL Olivenöl

Gratins

Pasta mit Pesto (Woche 10)

OBST, GEMÜSE UND KRÄUTER
- ❏ 3 Bund Basilikum
- ❏ 2 Knoblauchzehen

FRISCH
- ❏ 50 g Parmesan

SONSTIGES
- ❏ 500 g Linguine
- ❏ 2 EL Pinienkerne
- ❏ 75 ml Olivenöl
- ❏ 1 Prise grobes Meersalz

Nudeln mit Zucchini und Basilikum (Woche 11)

OBST, GEMÜSE UND KRÄUTER
- ❏ 4 Zucchini
- ❏ 1 rote Zwiebel
- ❏ 1 Bund Basilikum
- ❏ 1 Bio-Zitrone
- ❏ ½ Knoblauchzehe
- ❏ 1 Fenchel

FRISCH
- ❏ 50 g Pecorino oder Parmesan

SONSTIGES
- ❏ 500 g Nudeln (Tofarelle oder Fusilli)
- ❏ 60 g Oliven (ohne Stein)
- ❏ 60 g geröstete Mandeln
- ❏ 3 EL Olivenöl

Nudeln mit Kirschtomaten und Ricotta (Woche 13)

OBST, GEMÜSE UND KRÄUTER
- ❏ 500 g Kirschtomaten
- ❏ 6 Stängel Petersilie oder Basilikum

FRISCH
- ❏ 200 g Ricotta

SONSTIGES
- ❏ 500 g Nudeln
- ❏ 50 g getr. Tomaten
- ❏ 4 EL Olivenöl

Welsh Rarebit (warmes Käsebrot) mit Salat (Woche 03)

FRISCH
- ❏ 250 g Cheddar oder Tomme
- ❏ 10 g Butter

SONSTIGES
- ❏ 4–8 Scheiben Landbrot
- ❏ 100 ml dunkles Bier
- ❏ 1 gehäufter EL körniger Senf
- ❏ Pfeffer

SALAT + VINAIGRETTE
- ❏ ½ Endiviensalat
- ❏ 3 EL Olivenöl
- ❏ 2 TL Senf
- ❏ 1 EL Zitronensaft + etwas Zitronenschale
- ❏ geriebener Knoblauch
- ❏ Salz, Pfeffer

Cannelloni mit Grünkohl und Frischkäse (Woche 04)

OBST, GEMÜSE UND KRÄUTER
- ❏ ½ Wirsing oder 500 g Grünkohl
- ❏ 1 Knoblauchzehe
- ❏ 8 Stängel Petersilie

FRISCH
- ❏ 200 g Frischkäse
- ❏ 150 g Mozzarella

SONSTIGES
- ❏ 16 Cannelloni
- ❏ 1 EL Olivenöl
- ❏ 2 EL Gojibeeren
- ❏ 100 g gekochte weiße Bohnen

Ofenkäse mit Kartoffeln (Woche 06)

OBST, GEMÜSE UND KRÄUTER
- ❏ 1 kg Kartoffeln
- ❏ 1 Knoblauchzehe
- ❏ ½ Salat

FRISCH
- ❏ 1 Mont d'Or (Weichkäse aus Kuhmilch) oder anderer Ofenkäse

SONSTIGES
- ❏ 1 kleines Glas Weißwein
- ❏ einige Haselnüsse
- ❏ Salz

VINAIGRETTE
- ❏ 3 EL Olivenöl
- ❏ 2 TL Senf
- ❏ 1 EL Zitronensaft
- ❏ Zitronenschale
- ❏ geriebener Knoblauch
- ❏ Salz, Pfeffer

Herzhafte Arme Ritter, dazu Salat (Woche 08)

VOM BÄCKER
- ❏ 500 g altbackenes Sauerteigbrot in Scheiben

OBST, GEMÜSE UND KRÄUTER
- ❏ 200 g junger Brokkoli
- ❏ ½ Salat oder Blattsalatmischung
- ❏ ⅔ Pesto mit Brunnenkresse (siehe unten)

FRISCH
- ❏ 50 g Comté
- ❏ 200 g griechischer Joghurt
- ❏ 200 ml Crème fraîche
- ❏ 600 ml Milch
- ❏ 3 Eier

SONSTIGES
- ❏ 1 EL körniger Senf
- ❏ Paprikapulver
- ❏ Olivenöl

VINAIGRETTE
- ❏ 2 TL körniger Senf
- ❏ 1 EL Zitronensaft
- ❏ Zitronenschale
- ❏ geriebener Knoblauch
- ❏ 3 EL Olivenöl
- ❏ Salz, Pfeffer

PESTO MIT BRUNNENKRESSE
- ❏ 150 g Brunnenkresse
- ❏ 80 g geröstete Mandeln
- ❏ 1 Schalotte
- ❏ 3 EL Olivenöl
- ❏ 2 Knoblauchzehen
- ❏ 100 g Parmesan

Gemüse

Parmigiana (Woche 10)

OBST, GEMÜSE UND KRÄUTER

- ❏ 3 Auberginen
- ❏ 2 Zucchini
- ❏ 10 Tomaten
- ❏ 4 Knoblauchzehen
- ❏ 6 Stängel Basilikum
- ❏ ½ Salat
- ❏ 1 Bio-Zitrone

FRISCH

- ❏ 200 g Mozzarella
- ❏ 50 g Parmesan

SONSTIGES

- ❏ 400 g gekochte weiße Bohnen
- ❏ Olivenöl
- ❏ getr. Oregano
- ❏ 1 Prise Zucker
- ❏ Salz

Gemüsegratin mit pochiertem Ei (Woche 11)

OBST, GEMÜSE UND KRÄUTER

- ❏ 700 g Tomaten
- ❏ 6 Zucchini
- ❏ 2 rote Zwiebeln
- ❏ 2 Knoblauchzehen
- ❏ 1 Zweig Oregano oder Rosmarin
- ❏ 1 Fenchelknolle

FRISCH

- ❏ 5 Eier
- ❏ 150 ml Milch

SONSTIGES

- ❏ Olivenöl
- ❏ 1 EL Weißweinessig

Kartoffelfladen (Woche 02)

GEMÜSE

- ❏ 400 g Kartoffeln

FRISCH

- ❏ 30 g Butter + 15 g zum Braten

SONSTIGES

- ❏ 100 g Mehl + etwas zum Ausrollen
- ❏ Muskatnuss

Gebratenes Wurzelgemüse mit cremiger Sauce (Woche 04)

OBST, GEMÜSE UND KRÄUTER

- ❏ 2 mittelgroße Süßkartoffeln
- ❏ 2 Schwarzwurzeln oder 2 Pastinaken
- ❏ 2 EL Blumenkohlröschen
- ❏ 4 Stängel Koriander
- ❏ Einige Salatblätter (Chicorée, Frisee oder Feldsalat)

FRISCH

- ❏ 85 g Fetakäse

SONSTIGES

- ❏ 75 g grüne Linsen
- ❏ 2 EL Olivenöl
- ❏ Salz, Pfeffer

CREMIGE SAUCE

- ❏ 2 TL Zitronensaft
- ❏ 2 EL Orangensaft
- ❏ 2 EL Olivenöl
- ❏ ½ TL Senf
- ❏ 1 EL Erdnussbutter
- ❏ 1 EL griechischer Joghurt
- ❏ 15 g Fetakäse
- ❏ 2 EL Korianderblättchen
- ❏ 2 EL Pinienkerne

Blumenkohl auf indische Art, dazu Reis (Woche 04)

OBST, GEMÜSE UND KRÄUTER

- ❏ 1 Blumenkohl
- ❏ ½ Staude Mangold
- ❏ 2 cm frischer Ingwer
- ❏ 1 cm frische Kurkuma oder 1 Prise Kurkumapulver
- ❏ ½ frische Chilischote
- ❏ 7–8 Stängel Koriander
- ❏ 1 EL Zitronensaft

FRISCH

- ❏ griechischer Joghurt

SONSTIGES

- ❏ 240 g Langkornreis (Vollkorn oder Halbvollkorn)
- ❏ 4 EL neutrales Öl
- ❏ 1 EL Garam Masala (indische Gewürzmischung)
- ❏ Salz

Auberginen mit Miso, dazu Reis (Woche 10)

OBST, GEMÜSE UND KRÄUTER

- ❏ 3 Auberginen
- ❏ 2 cm frischer Ingwer
- ❏ 6 Stängel glatte Petersilie oder Koriander
- ❏ 1 Bio-Zitrone
- ❏ einige Basilikumblätter

SONSTIGES

- ❏ 240 g weißer Reis oder Halbvollkornreis
- ❏ 2 EL Olivenöl
- ❏ 2 EL Miso
- ❏ 25 g geröstete Mandeln

Vegetarisch gefülltes Gemüse (Woche 12)

OBST, GEMÜSE UND KRÄUTER

- ❏ 4 Zucchini
- ❏ 4 Zwiebeln
- ❏ 4 Tomaten
- ❏ 1 rote Paprikaschote
- ❏ 6 Knoblauchzehen
- ❏ 1 ½ Bund Basilikum
- ❏ Thymian oder Oregano

SONSTIGES

- ❏ geräuchertes Paprikapulver
- ❏ Olivenöl
- ❏ 1 Handvoll Reis
- ❏ 1 EL Kapern
- ❏ Salz

Gemüsecurry mit Reis (Woche 12)

OBST, GEMÜSE UND KRÄUTER

- ❏ 3 Zucchini
- ❏ 2 Auberginen
- ❏ 3 Zwiebeln
- ❏ 2 Knoblauchzehen
- ❏ 3 cm frischer Ingwer
- ❏ 4–5 Stängel glatte Petersilie

SONSTIGES

- ❏ 400 g geschälte Tomaten (Dose)
- ❏ 240 g Langkornreis
- ❏ 2 EL Garam Masala (inidsche Gewürzmischung)
- ❏ 300 ml Kokosmilch
- ❏ neutrales Öl
- ❏ Olivenöl
- ❏ Salz

Hülsenfrüchte + Gemüse

Dhal, Spinat, Wirsing mit Kreuzkümmel und Reis (Woche 01)

OBST, GEMÜSE UND KRÄUTER
- ❑ 2 Knoblauchzehen
- ❑ 3 cm frischer Ingwer
- ❑ 1 cm frische Kurkuma
- ❑ 6 Stängel Koriander
- ❑ ½ Bio-Zitrone

TIEFGEKÜHLT
- ❑ 200 g TK-Spinat

FRISCH
- ❑ 4 EL griechischer Joghurt

SONSTIGES
- ❑ 240 g Langkornreis
- ❑ 200 g rote Linsen
- ❑ 1 Prise Chiliflocken
- ❑ Salz

WIRSING MIT KREUZKÜMMEL
- ❑ ¼–½ Wirsing
- ❑ 3 EL neutrales Öl oder mildes Olivenöl
- ❑ 1 TL Kreuzkümmelsamen

Reis und vegetarisches Curry mit roten Linsen (Woche 03)

OBST, GEMÜSE UND KRÄUTER
- ❑ 1 ½ Brokkoli
- ❑ 2 Karotten
- ❑ 3 Topinambur
- ❑ ½ Bund Koriander
- ❑ 1 cm frische Kurkuma oder 1 Prise Kurkumapulver
- ❑ 1 Maiskolben (vakuumverpackt)

FRISCH
- ❑ 100 g griechischer Joghurt

SONSTIGES
- ❑ 240 g Langkornreis
- ❑ 150 g rote Linsen
- ❑ ½ TL Kreuzkümmelsamen
- ❑ ½ TL Senfkörner
- ❑ 10 Bockshornkleesamen
- ❑ 10 Pfefferkörner
- ❑ 3 EL neutrales Öl
- ❑ 1 EL Olivenöl

Gebratene Rote Bete mit Fetakäse, Orangen und Linsen (Woche 05)

OBST, GEMÜSE UND KRÄUTER
- ❑ 8 Mini-Rote Bete oder 4 mittelgroße, möglichst mit Blättern
- ❑ 2 EL Petersilie
- ❑ 2 Bio-Orangen (möglichst Blutorangen)

FRISCH
- ❑ 120 g Fetakäse
- ❑ 150 g griechischer Joghurt

SONSTIGES
- ❑ 50 g schwarze Belugalinsen oder grüne Puy-Linsen
- ❑ 60 g Bulgur
- ❑ 2 EL Kürbiskerne (möglichst geröstet)
- ❑ ½ TL Koriandersamen
- ❑ 4 EL Olivenöl
- ❑ Salz, Pfeffer

Spinat-Linsen-Reis mit Gewürzen und Joghurt (Woche 05)

OBST, GEMÜSE UND KRÄUTER
- ❑ 80 g Champignons
- ❑ 1–2 Karotten
- ❑ 2 cm frischer Ingwer
- ❑ ½ cm frische Kurkuma
- ❑ 1 Knoblauchzehe
- ❑ 2 Schalotten
- ❑ gehackte Petersilie
- ❑ einige Minzeblätter

TIEFGEKÜHLT
- ❑ 400 g TK-Spinat

FRISCH
- ❑ 150 g griechischer Joghurt
- ❑ 15 g Butter

SONSTIGES
- ❑ 150 g schwarze Belugalinsen oder grüne Puy-Linsen
- ❑ 150 g Halbvollkornreis
- ❑ 25 g Kokosraspel
- ❑ ½ TL Kreuzkümmelsamen
- ❑ ½ TL Koriandersamen
- ❑ 1 EL Olivenöl
- ❑ Salz, Pfeffer

Kichererbsen-Stäbchen mit Salat (Woche 12)

OBST, GEMÜSE UND KRÄUTER
- ❑ ½ Bund Petersilie
- ❑ 2 oder 3 Salatherzen
- ❑ Zitronensaft
- ❑ 250 g Kirschtomaten
- ❑ Thymian oder Oregano

FRISCH
- ❑ 30 g Butter

SONSTIGES
- ❑ 150 g Weizen, Dinkel oder Bulgur
- ❑ 300 g Kichererbsenmehl
- ❑ Olivenöl
- ❑ Salz

Gemüse + Getreide

Champignons, Spinat und Bulgur mit Spiegelei (Woche 01)

OBST, GEMÜSE UND KRÄUTER
- ❏ 400 g Champignons

TIEFGEKÜHLT
- ❏ 400 g TK-Spinat

FRISCH
- ❏ 4 Eier
- ❏ 15 g Butter

SONSTIGES
- ❏ 150 g Bulgur
- ❏ 1 EL Olivenöl
- ❏ Salz, Pfeffer

Gebratener Hokkaido mit Burrata und Pekannüssen, dazu Grüne-Linsen-Salat (Woche 02)

OBST, GEMÜSE UND KRÄUTER
- ❏ ½ Hokkaido-Kürbis oder 1 kleiner
- ❏ 3 Knoblauchzehen
- ❏ Thymian oder getr. Oregano
- ❏ 1 Karotte
- ❏ 1 Lorbeerblatt
- ❏ 2 Stängel Minze
- ❏ 6 Stängel glatte Petersilie
- ❏ 1 Schalotte
- ❏ einige Salatblätter

FRISCH
- ❏ 500 g Burrata

SONSTIGES
- ❏ 80 g Pekannusskerne
- ❏ 2 EL Olivenöl
- ❏ 150 g grüne Linsen

SAUCE
- ❏ 2 TL Senf
- ❏ 1 TL Zitronensaft + etwas Zitronenschale
- ❏ 5 EL Olivenöl
- ❏ Salz, Pfeffer

Bulgur mit Wintergemüse (Woche 06)

OBST, GEMÜSE UND KRÄUTER
- ❏ 400 g Butternut-Kürbis
- ❏ 4 Karotten
- ❏ 2 cm frischer Ingwer
- ❏ 4 Knoblauchzehen
- ❏ 2 Zwiebeln
- ❏ 1 Bio-Orange
- ❏ ½ Bund Koriander

TIEFGEKÜHLT
- ❏ 200 g TK-Spinat

SONSTIGES
- ❏ 240 g Bulgur
- ❏ 200 g gekochte Kichererbsen
- ❏ 1 TL Kreuzkümmelsamen
- ❏ 1 Zimtstange
- ❏ Chilipulver oder Chiliflocken
- ❏ 2 EL Tomatenmark
- ❏ 3 EL Olivenöl
- ❏ 2 Medjool-Datteln
- ❏ 30 g eingelegte Zitronen
- ❏ 3 Kardamomkapseln

Gebratener Spargel und wachsweiche Eier, dazu Fenchel-Orangen-Salat mit Quinoa (Woche 07)

OBST, GEMÜSE UND KRÄUTER
- ❏ 500 g grüner Spargel
- ❏ 1 Fenchel
- ❏ 2 Bio-Orangen
- ❏ 1 Bio-Zitrone
- ❏ Knoblauch

FRISCH
- ❏ 4 Eier

SONSTIGES
- ❏ 150 g Quinoa
- ❏ 6 EL Olivenöl
- ❏ 1 Prise geräuchertes Paprikapulver
- ❏ 2 EL Sesamsamen
- ❏ Honig
- ❏ 2 TL Senf
- ❏ Salz, Pfeffer

Weizen mit Zuckerschoten nach Art eines Risottos (Woche 08)

OBST, GEMÜSE UND KRÄUTER
- ❏ 200 g Zuckerschoten
- ❏ 5 Stängel Kerbel
- ❏ 2 junge Karotten
- ❏ ½–1 Zwiebel
- ❏ 1 Schalotte
- ❏ 50 g Brunnenkresse (ersatzweise Rucola)
- ❏ ½ Stange Lauch

FRISCH
- ❏ 15 g gesalzene Butter

SONSTIGES
- ❏ 180 g Weizen oder Einkorn
- ❏ 1 Päckchen Gemüsebrühepulver
- ❏ 2 EL Olivenöl
- ❏ Kräuter-Zitronen-Butter
- ❏ 45 g gesalzene Butter
- ❏ Zesten von 1 Bio-Zitrone
- ❏ ½ Bund Schnittlauch
- ❏ ½ Bund Kerbel
- ❏ Pfeffer

Gebratene grüne Bohnen mit Reis und Tofu (Woche 09)

OBST, GEMÜSE UND KRÄUTER
- ❏ 375 g grüne Bohnen
- ❏ 3 Knoblauchzehen
- ❏ 4 cm frischer Ingwer
- ❏ 1 Schalotte
- ❏ 1 Frühlingszwiebel
- ❏ ½ Stange Lauch
- ❏ 100 g frische Shiitakepilze oder Champignons

FRISCH
- ❏ 200 g fester Tofu
- ❏ 45 g Butter

SONSTIGES
- ❏ 250 g weißer Reis
- ❏ Olivenöl
- ❏ 4 EL Sojasauce
- ❏ 120 ml trockener Weißwein oder 3 EL Mirin
- ❏ 1 Päckchen Gemüsebrühepulver
- ❏ Salz

Reisgerichte Tartes,

Hamburger (Woche 13)

OBST, GEMÜSE UND KRÄUTER

- ❏ 4 Süßkartoffeln
- ❏ 200 g Champignons
- ❏ ½ Zucchini (ca. 50 g)
- ❏ 1 Tomate
- ❏ 1 Avocado
- ❏ 1 Bio-Limette
- ❏ 1 rote Zwiebel
- ❏ 50 g Salatmischung oder Babysalate
- ❏ einige Petersilien- und Kerbelblättchen
- ❏ Oregano oder Rosmarin

SONSTIGES

- ❏ 4 Toasties oder englische Muffins
- ❏ 150 g Semmelbrösel
- ❏ 100 g Quinoa
- ❏ Chiliflocken
- ❏ Cornichons
- ❏ Fertigsaucen und Würzmittel nach Belieben
- ❏ neutrales Öl
- ❏ Salz, Pfeffer

Gebratener Reis mit Wirsing (Woche 02)

OBST, GEMÜSE UND KRÄUTER

- ❏ ½–1 kleiner Wirsing
- ❏ 2 Karotten
- ❏ 3 cm frischer Ingwer
- ❏ 1 Knoblauchzehe
- ❏ 6 Stängel Koriander

TIEFGEKÜHLT

- ❏ 200 g TK-Erbsen

FRISCH

- ❏ 1 Ei

SONSTIGES

- ❏ 200 g Reis
- ❏ 1 EL neutrales Öl oder mildes Olivenöl
- ❏ 2 EL Sojasauce
- ❏ Salz

Sommerrisotto (Woche 11)

OBST, GEMÜSE UND KRÄUTER

- ❏ 2 rote Paprikaschoten
- ❏ 2 grüne Paprikaschoten
- ❏ 1 kg Tomaten
- ❏ 4 Knoblauchzehen
- ❏ 3 rote Zwiebeln
- ❏ glatte Petersilie

SONSTIGES

- ❏ 400 g Langkornreis
- ❏ einige Safranfäden
- ❏ 200 g weiße Bohnen, gekocht oder aus der Dose
- ❏ Olivenöl
- ❏ Salz

Zwiebeltarte, dazu Salat (Woche 01)

OBST, GEMÜSE UND KRÄUTER

- ❏ 8 Zwiebeln
- ❏ 5 Stängel glatte Petersilie
- ❏ 1 grüner Salat

FRISCH

- ❏ 165 g Butter
- ❏ 100 g Tomme oder Cantal
- ❏ 1 Ei
- ❏ 150 g griechischer Joghurt

SONSTIGES

- ❏ 200 g Mehl
- ❏ 2 EL Olivenöl
- ❏ Salz, Pfeffer

VINAIGRETTE

- ❏ ½ Bio-Zitrone
- ❏ geriebener Knoblauch
- ❏ 2 TL Senf
- ❏ 3 EL Olivenöl
- ❏ Salz, Pfeffer

Gemüsequiche (Woche 03)

OBST, GEMÜSE UND KRÄUTER

- ❏ 200 g Hokkaido-Kürbis oder anderer Kürbis
- ❏ 1 Karotte
- ❏ ½ Kopf Brokkoli
- ❏ 1 Maiskolben (vakuumverpackt)
- ❏ 3 oder 4 Stängel Dill

FRISCH

- ❏ 160 g Butter
- ❏ 300 g griechischer Joghurt
- ❏ 2 Eier

SONSTIGES

- ❏ 200 g Mehl + etwas zum Ausrollen
- ❏ Muskatnuss
- ❏ Salz, Pfeffer

SALAT + VINAIGRETTE

- ❏ ½ Endiviensalat
- ❏ 3 EL Olivenöl
- ❏ 2 TL Senf
- ❏ 1 EL Zitronensaft + etwas Zitronenschale
- ❏ geriebener Knoblauch
- ❏ Salz, Pfeffer

Quiches, Pizza und Teigtaschen

Pizza mit karamellisiertem Fenchel und Mozzarella (Woche 07)

OBST, GEMÜSE UND KRÄUTER
- ❑ 2 Fenchelknollen
- ❑ 50 g junger Mangold, junger Portulak oder Babyspinat

FRISCH
- ❑ 300 g Mozzarella

SONSTIGES
- ❑ 1 Prise Zucker
- ❑ 450 g Mehl
- ❑ 1 Päckchen Trockenhefe oder 15 g frische Backhefe
- ❑ 50 g schwarze Kalamata-Oliven (ohne Stein)
- ❑ 4 EL Olivenöl
- ❑ 1 TL Salz

Quiche mit geräuchertem Tofu (Woche 08)

OBST, GEMÜSE UND KRÄUTER
- ❑ ½ Bund Schnittlauch
- ❑ 100 g junger Brokkoli
- ❑ ½ Salat oder Blattsalatmischung
- ❑ 50 g Brunnenkresse (ersatzweise Rucola)

FRISCH
- ❑ 160 g gesalzene Butter
- ❑ 200 g geräucherter Tofu
- ❑ 300 g griechischer Joghurt
- ❑ 100 ml Crème fraîche
- ❑ 2 Eier

SONSTIGES
- ❑ 200 g Mehl + etwas zum Ausrollen
- ❑ Paprikapulver
- ❑ Muskatnuss

VINAIGRETTE
- ❑ 2 TL körniger Senf
- ❑ 1 EL Zitronensaft
- ❑ Zitronenschale
- ❑ geriebener Knoblauch
- ❑ 3 EL Olivenöl
- ❑ Salz, Pfeffer

Spanakopita (Woche 11)

OBST, GEMÜSE UND KRÄUTER
- ❑ 1 rote Zwiebel
- ❑ 4 Frühlingszwiebeln
- ❑ 2–3 Stängel Dill
- ❑ 2 Stängel Minze
- ❑ 1 Bio-Zitrone
- ❑ 1 Salat

TIEFGEKÜHLT
- ❑ 600 g TK-Spinat oder 1 ½ kg frischer Spinat

FRISCH
- ❑ 300 g Fetakäse
- ❑ 250 g Filoteigblätter
- ❑ 2 Eier

SONSTIGES
- ❑ Olivenöl
- ❑ getr. Oregano
- ❑ Muskatnuss
- ❑ Salz, Pfeffer

Zucchinitarte mit Kirschtomaten (Woche 12)

OBST, GEMÜSE UND KRÄUTER
- ❑ 3 Zucchini
- ❑ 250 g Kirschtomaten
- ❑ 1 rote Zwiebel
- ❑ ½ Bund Basilikum
- ❑ 2–3 Salatherzen

FRISCH
- ❑ 1 Mürbe- oder Blätterteig, hausgemacht oder gekauft
- ❑ 200 g Ziegenkäse
- ❑ 50 g junger Comté
- ❑ 150 ml Crème fraîche
- ❑ 1 Ei

SONSTIGES
- ❑ 2 EL Olivenöl
- ❑ 50 g getr. Tomaten
- ❑ Aceto balsamico
- ❑ Salz, Pfeffer

Teigtaschen mit Mangold, dazu Salat (Woche 13)

OBST, GEMÜSE UND KRÄUTER
- ❑ 1 Staude Mangold
- ❑ 1 ½ Zucchini
- ❑ 1 rote Zwiebel
- ❑ 150 g Salatmischung oder Babysalate

FRISCH
- ❑ 1 Mürbe- oder Blätterteig, hausgemacht oder gekauft
- ❑ 100 g Blauschimmelkäse oder Comté

SONSTIGES
- ❑ 50 g gemischte Nüsse
- ❑ 2 EL Olivenöl
- ❑ 1 Prise Chiliflocken

VINAIGRETTE
- ❑ 3 EL Olivenöl
- ❑ 2 TL Senf
- ❑ 1 EL Zitronensaft
- ❑ Zitronenschale
- ❑ geriebener Knoblauch
- ❑ Salz, Pfeffer

Desserts, Frühstück

Trockenpflaumen-Clafoutis (Woche 02)

FRISCH
- ❑ 300 ml Milch
- ❑ 4 Eier
- ❑ 150 g griechischer Joghurt
- ❑ Butter zum Fetten der Form

SONSTIGES
- ❑ 45 g Mehl
- ❑ 35 g Zucker
- ❑ 250 g Trockenpflaumen (ohne Stein)
- ❑ etwas Rum

Bananenbrot (Woche 03)

OBST, GEMÜSE UND KRÄUTER
- ❑ 3 sehr reife Bananen

FRISCH
- ❑ 150 g Butter in Zimmertemperatur + etwas für die Form
- ❑ 3 Eier
- ❑ 100 g griechischer Joghurt

SONSTIGES
- ❑ 350 g Mehl
- ❑ 160 g Zucker
- ❑ 100 g geröstete Haselnusskerne
- ❑ 1 gehäufter TL Natron
- ❑ 1 große Prise Salz

Energie-Smoothie (Woche 04)

OBST, GEMÜSE UND KRÄUTER
- ❑ 2 Bananen
- ❑ 1 Prise geriebener frischer Ingwer

TIEFGEKÜHLT
- ❑ 150 g TK-Himbeeren

FRISCH
- ❑ 250 g griechischer Joghurt
- ❑ 200 ml Milch

SONSTIGES
- ❑ 2 EL Haferflocken

Karottenkuchen (Woche 05)

OBST, GEMÜSE UND KRÄUTER
- ❑ 5 Karotten

FRISCH
- ❑ 5 Eier
- ❑ 100 g Butter + etwas für die Form
- ❑ 125 g Frischkäse

SONSTIGES
- ❑ 240 g Mehl
- ❑ 1 ½ TL Backpulver
- ❑ 30 g neutrales Öl
- ❑ 1 TL Zimt oder Viergewürz
- ❑ 1 TL Salz
- ❑ 75 g Kokosraspel
- ❑ 75 g Walnusskerne
- ❑ 200 g brauner Zucker
- ❑ 175 g Puderzucker

Porridge und Chai-Tee (Woche 06)

PORRIDGE
- ❑ 100 g Haferflocken
- ❑ 2 Medjool-Datteln
- ❑ 200 ml Milch
- ❑ 1 Prise Salz
- ❑ 1 EL Honig oder Ahornsirup

CHAI
- ❑ 2 cm frischer Ingwer
- ❑ 6 Gewürznelken
- ❑ 2 Pfefferkörner
- ❑ 5 Kardamomkapseln
- ❑ 1 Sternanis
- ❑ 1 Zimtstange
- ❑ 2 EL schwarzer Tee
- ❑ 200 ml Milch
- ❑ Zucker

Walisische Kekse (Woche 07)

FRISCH
- ❑ 170 g Butter + etwas zum Backen und Servieren
- ❑ 1 Ei

SONSTIGES
- ❑ 225 g Mehl
- ❑ ½ TL Backpulver
- ❑ 80 g brauner Zucker
- ❑ 80 g Rosinen
- ❑ ½ TL Viergewürz
- ❑ 1 große Prise Salz

Hausgemachte Müsliriegel mit roten Beeren (Woche 08)

OBST, GEMÜSE UND KRÄUTER
- ❑ 250 g Erdbeeren und/oder Himbeeren
- ❑ 2 Äpfel

FRISCH
- ❑ 150 g gesalzene Butter

SONSTIGES
- ❑ 180 g Mehl
- ❑ 90 g Haferflocken
- ❑ 40 g Walnuss- oder Pekannusskerne
- ❑ 50 g Rosinen
- ❑ 1 TL Backpulver
- ❑ 75 g Zucker
- ❑ 1 Prise Zimt
- ❑ 1 Prise geriebene Muskatnuss
- ❑ 1 Prise Salz

Erdbeereis (Woche 09)

OBST, GEMÜSE UND KRÄUTER
- ❑ 500 g Erdbeeren

FRISCH
- ❑ 200 ml Crème fraîche

SONSTIGES
- ❑ etwas Zucker

Himbeer-Clafoutis (Woche 10)

OBST, GEMÜSE UND KRÄUTER
- ❑ 250 g Himbeeren

FRISCH
- ❑ 4 Eier
- ❑ 200 ml Crème fraîche
- ❑ 25 g Butter für die Form

SONSTIGES
- ❑ 2–3 EL Grand Marnier oder anderer Alkohol, der gut zu Himbeeren passt
- ❑ 75 g Mehl
- ❑ 50 g Zucker
- ❑ 200 ml Mandeldrink
- ❑ 1 Prise Salz

Nachmittagsimbiss

Crumble mit gebratenen Früchten (Woche 11)

OBST, GEMÜSE UND KRÄUTER

- ❏ 2 kg Aprikosen
- ❏ 200 g Himbeeren

FRISCH

- ❏ 150 g Butter
- ❏ Crème fraîche

SONSTIGES

- ❏ 200 g Mehl
- ❏ 100 g Zucker
- ❏ 2 EL Haferflocken
- ❏ Zimt
- ❏ 1 Vanilleschote

Vegane Mousse au chocolat (Woche 12)

SONSTIGES

- ❏ 200 g dunkle Schokolade
- ❏ 30 g Zucker
- ❏ das Wasser aus 1 Dose (200 g) weißen Bohnen

Müsli (Woche 13)

OBST, GEMÜSE UND KRÄUTER

- ❏ 1 Bio-Zitrone
- ❏ Früchte für das Müsli (z.B. Erdbeeren, Himbeeren)

FRISCH

- ❏ 300 g Quark
- ❏ Milch

SONSTIGES

- ❏ 300 g Haferflocken
- ❏ 200 g Cornflakes
- ❏ 4 EL Honig
- ❏ 4 EL Kokos- oder Olivenöl
- ❏ 75 g gemischte Nüsse
- ❏ 50 g Kokosraspel
- ❏ 75 g Trockenobst (nach Belieben)

ZUTATENREGISTER

ZUTATENREGISTER

ZUTATENREGISTER

ZUTATENREGISTER

ZUTATENREGISTER

Danke!

Danke an alle: Christine, Anne, Audrey und Pierre!

Datum:

Zubereitung:

Verwendungstag:

Datum:

Zubereitung:

Verwendungstag:

Datum:

Zubereitung:

Verwendungstag:

Datum:

Rezept:

Verbrauchen bis:

Datum:

Zubereitung:

Verwendungstag:

Datum:

Zubereitung:

Verwendungstag:

Datum:

Inhalt:

Verbrauchen bis:

Datum:

Zubereitung:

Verwendungstag:

Datum:

Zubereitung:

Verwendungstag:

Datum:

Inhalt:

Verbrauchen bis:

Datum:

Inhalt:

Verbrauchen bis:

Datum:

Zubereitung:

Verwendungstag: